Wolfgang Fleischer/Richard Eiermann

Die größte Panzerschlacht des Zweiten Weltkrieges

Operation »Zitadelle«

Bild- und Kartennachweis

Cayè (1), Eiermann (9), Fleischer (99), Liebold (12), MHM (1), Thiede (2);

Danksagung

Der Autor dankt Frau Bärbel Liebold und Frau Sonja Wetzig für ihre Unterstützung. Dank gebührt auch Herrn Richard Eiermann.

Quellen- und Literaturangaben

Engelmann, J.
"Zitadelle" 1943, Friedberg o.J.;
Frieser, K.H.
Schlagen aus der Nachhand - Schlagen aus der Vorhand. Die Schlachten von Charkow und Kursk 1943, in: Vorträge zur Militärgeschichte Bd. 15, Hamburg, Berlin, Bonn 1996, S.101-135;
Guderian, H.
Erinnerungen eines Soldaten, Stuttgart 1986
Hinze, R.
19. Infanterie- und Panzerdivision, Düsseldorf 1994;
Kielmannsegg, J.A. Graf von
Bemerkungen eines Zeitzeugen zu den Schlachten von Charkow und Kursk aus der Sicht des damaligen Generalstabsoffiziers I a in der Operationsabteilung des Generalstab des Heeres, in: Vorträge zur Militärgeschichte Bd. 15, Hamburg, Berlin, Bonn 1996, S.137-148;
Lehmann, R.
Die Leibstandarte, Osnabrück 1982;
Manstein, E. von
Verlorene Siege, Koblenz 1987;
Manteuffel, H. von
Die 7. Panzerdivision im Zweiten Weltkrieg, Friedberg 1986;
Markin, I.I.
Die Kursker Schlacht, Berlin (Ost) 1960;
Mellenthin, F.W. von
Panzerschlachten, Neckargemünd 1963;
Paul, W.
Die Truppengeschichte der 18. Panzerdivision 1940-1943, Reutlingen 1989;
Rokkossowski, K.K.
Soldatenpflicht, Berlin (Ost) 1971;
Shukow, G.K.
Erinnerungen und Gedanken, Berlin (Ost) 1970;
Ullrich, K.
Wie ein Fels im Meer (Bd. 2), Osnabrück 1987;
Weidinger, O.
Division Das Reich, Osnabrück 1986;
o.A.
Die Julischlacht 1943, Moskau 1943;

PODZUN-PALLAS-VERLAG GmbH, Kohlhäuserstraße 8, 61200 Wölfersheim-Berstadt
Telefon 06036 / 9436, Fax 06036 / 6270

Verantwortlich für den Inhalt ist der Autor.

Satz: PODZUN-PALLAS-Verlag GmbH.
Technische Herstellung: Freiburger Graphische Betriebe, 79108 Freiburg.

ISBN 3-7909-0611-5

Wolfgang Fleischer/Richard Eiermann

Die größte Panzerschlacht des Zweiten Weltkrieges

Operation »Zitadelle«

PODZUN-PALLAS

Panzerkampfwagen IV beim Uberwinden eines Panzergrabens in der russischen Verteidigung.

INHALT

Prolog

Am Morgen des 5. Juli 1943 begannen Panzer-, Panzergrenadier- und Infanteriedivisionen der Heeresgruppen Mitte und Süd die als Zangenangriff angelegte Operation »Zitadelle«. Sie gingen gegen die Flanken des 65.000 Quadratkilometer großen russischen Frontbogens vor, der im Mittelabschnitt der Ostfront wie ein Balkon nach Westen ragte. Er war im Verlaufe der Kämpfe des Frühjahres entstanden. In seinem Zentrum befand sich die Industriestadt Kursk, die dem Frontbogen und der um ihn geführten Schlacht ihren Namen gab.

Für die deutsche Seite ging es in dieser Schlacht, wie sich noch zeigen sollte, um einen letzten Versuch, dem bisher ungünstigen Verlauf des Krieges doch noch eine entscheidende Wende zu geben. Das Ziel der Operation war, die im Frontbogen befindlichen Truppen der Roten Armee westwärts von Kursk einzukesseln und zu vernichten. Eine zweite Etappe sah den erneuten Vorstoß in die Tiefe des russischen Raums vor. Im Falle eines Scheiterns der Operation »Zitadelle« war der Weg Deutschlands in die Niederlage vorgezeichnet.

Dem russischen Oberkommando waren die Bedeutung und Risiken, die sich mit dem deutschen Angriff verbanden, bekannt. Es hatte jedoch aus dem Fiasko seiner eigenen Angriffsoperation bei der Südwestfront im Mai 1942 bei Charkow gelernt. Der Preis war hoch gewesen. Allein 240.000 Mann an Gefangenen und große Mengen Kriegsmaterial verlor die Rote Armee im Gefolge der über ein Jahr zurückliegenden Kämpfe. Nun sollte das Jahr 1943 die endgültige Wende dieses Krieges bringen. Deshalb ist schon im März beschlossen worden, den deutschen Angriff zunächst abzuwehren und dann zur allgemeinen Offensive überzugehen. Verschiedene Umstände begünstigten diese Entscheidung. Die deutschen Pläne zur Beseitigung des Frontvorsprungs bei Kursk waren dem russischen Oberkommando frühzeitig bekannt geworden. So blieb genug Zeit, eine standhafte Verteidigung aufzubauen. Innerhalb von drei Monaten wurden acht pioniertechnisch stark ausgebaute und verminte Verteidigungslinien mit einer Gesamttiefe von 300 Kilometern angelegt. Nach russischen Angaben hat man allein im Hauptverteidigungsstreifen 434.667 Panzerminen und 7000 Kilometer Drahthindernisse verlegt. Beachtliche Reserven wurden im und hinter dem Kursker Bogen konzentriert. Als strategische Reserve des Oberkommandos der Roten Armee stand die Steppenfront mit 573.000 Soldaten, 7401 Geschützen sowie 1551 Panzern und Selbstfahrlafetten hinter dem Kursker Bogen bereit. Ohne diese Reserve ergab sich bis zum Beginn der Schlacht Anfang Juli 1943 folgendes Kräfteverhältnis:

Mai 1943: Im Eiltransport werden "Panther" und "Tiger"-Panzer der Truppe zugeführt. Das Heereswaffenamt nahm im Mai 50 Panzerkampfwagen VI "Tiger" (Sd.Kfz.181) ab; im April waren es 46.

	Deutsche Wehrmacht	Rote Armee	Kräfteverhältnis
Mann	900.000	1.337.000	1 : 1,4
Geschütze und Granatwerfer	10.000	19.300	1 : 1,9
Panzer und Sturmgeschütze bzw. Sfl.	2.700	3.300	1 : 1,2
Kampfflugzeuge	2.000	2.650	1 : 1,3

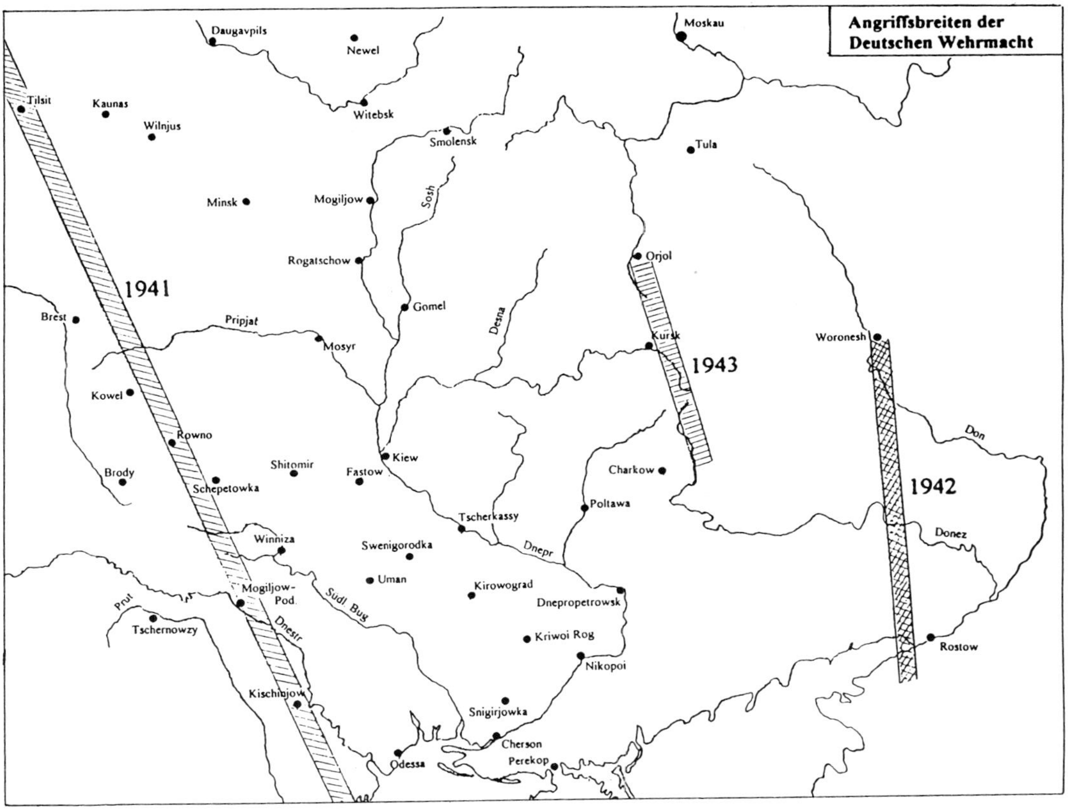

Damit hatte sich das, was sich dem deutschen Oberkommando Mitte April 1943 bei den ersten Planungen für die Operation »Zitadelle« so vorteilhaft dargestellt hat, in das Gegenteil verkehrt - das Kräfteverhältnis in dem für einen Angriff vorgesehenen Frontabschnitt. Berücksichtigt man weiterhin, daß der Angreifer im allgemeinen über eine dreifache Überlegenheit verfügen muß, um erfolgreich zu sein, so hatte die deutsche Seite von vornherein denkbar schlechte Voraussetzungen.

Nun war die rein zahlenmäßige Unterlegenheit der deutschen Truppen an der Ostfront nichts Neues. So ist es im Jahr 1941 gewesen, und auch im zweiten Kriegsjahr hatte eine wendigere Führung die bessere Ausbildung und größere Kriegserfahrung in einem großen Teil der Verbände den Ausgleich schaffen müssen. Im Sommer 1943 war dieser Vorsprung allerdings aufgebraucht. Zu schwer wogen die hohen personellen Verluste der beiden Kriegsjahre im Osten. Die Rote Armee hatte aus den verlustreichen Kämpfen und vielen Rückschlägen gelernt. Nun kam die überlegene Zahl ihrer Kämpfer und das gewaltige Rüstungspotential Sowjetrußlands voll zur Geltung, zumal Deutschland an anderen Fronten kräftemäßig ebenfalls gebunden war. Folglich konnte die deutsche Führung die notwendigen Angriffsgruppierungen nur noch an vergleichsweise schmalen Frontabschnitten und für einen begrenzten Zeitabschnitt schaffen. Eine Verfahrensweise, welche für die gesamte Operation »Zitadelle«, wie auch die einzelnen Etappen ih-

Ein Transport mit mittleren Schützenpanzerwagen Hl kl 6 p (Sd.Kfz.251) auf dem Weg an die Front. Die hier gezeigten Fahrzeuge tragen alle Halterungen zum Einhängen und Verschießen von 28/32-cm-Wurfgeschossen („Stuka zu Fuß"), deren Verwendung in den Panzerpionierbataillonen der Panzerdivisionen vorgesehen war. 1943 wurden insgesamt 4258 Schützenpanzer dieses Typs ausgeliefert.

Leichte Schützenpanzerwagen D 7p (Sd.Kfz.250) und 7,5-cm-Panzerjägerkanonen 40 L/46 auf Transportzügen der Deutschen Reichsbahn. Der leichte Schützenpanzerwagen ist in den Panzeraufklärungsabteilungen der Panzerdivisionen eingesetzt worden; 2895 Stück verließen 1943 die Herstellerwerke. Die 7,5-cm-Panzerjägerkanone ist allein im Januar 1943 in 500 Exemplaren zur Abnahme gekommen, wovon 163 auf Selbstfahrlafetten aufgebaut wurden.

rer Durchführung charakteristisch war. Sie barg erhebliche Risiken in sich, weil andere Frontabschnitte kräftemäßig entblößt werden mußten. Für den Angriff sind beispielsweise 46 Prozent aller an der Ostfront befindlichen Panzerkampfwagen und Sturmgeschütze bereitgestellt worden; bei Kampfflugzeugen waren es 66 Prozent. Unter den gegebenen Verhältnissen ist der deutsche Angriff im Kursker Bogen trotz allen Bemühens von vornherein zum Scheitern verurteilt gewesen. Obwohl die Kursker Schlacht seinerzeit im Bewußtsein der deutschen Bevölkerung nicht so wahrgenommen worden ist wie die Niederlagen vor den Toren Moskaus und in Stalingrad, stand sie nach dem Krieg immer wieder im Mittelpunkt einer mit aller Heftigkeit geführten Diskussion. Im Rahmen der wissenschaftlichen Auseinandersetzung kristallisierten sich einige Schwerpunkte heraus, die interessante Rückschlüsse auf die Planung, Vorbereitung und Durchführung der Operation »Zitadelle« zulassen.

War es überhaupt notwendig, den russischen Frontvorsprung bei Kursk im Sommer 1943 anzugreifen? Der damalige Oberbefehlshaber der Heeresgruppe Süd, Feldmarschall Erich von Manstein, schreibt in seinen nach dem Krieg erschienenen Erinnerungen »Verlorene Siege«: »Bei nachträglicher Sicht wird man geneigt sein zu sagen, daß die Oberbefehlshaber der Heeresgruppe angesichts des immer weiter verzögerten Beginns von »Zitadelle« dem OKH hätten erklären müssen, dieser Angriff habe nunmehr den Sinn verloren und dürfe nicht mehr geführt werden... Was mich betrifft, so lag der Grund dafür, daß dieses nicht

Im April 1943 wurden die ersten 160 leichten Ladungsträger „Goliath" (Sd.Kfz.303) mit 12,5-PS-Zündapp-Motor ausgeliefert. Sie kamen in Pionierbataillonen zum Einsatz und dienten vor allem der Beseitigung von Minensperren und anderen Hindernissen. Hier die Vorführung eines solchen Fahrzeuges auf dem Gelände der Heeresversuchsstelle in Kummersdorf.

Vom Panzerkampfwagen IV (7,5-cm L/48) (Sd.Kfz.161/1) wurden im März 1943 198 - (davon sieben an die Türkei) und im April 213 Stück ausgeliefert. Der Typ ersetzte in den Panzerabteilungen zunehmend den Panzerkampfwagen III. Die Langrohrkanone erreichte auf 500 m eine Durchschlagleistung von 91 mm Panzerstahl. Die Nachrüstung mit Schürzen erfolgte in den Truppenwerkstätten an der Front.

geschehen ist (was ein Fehler gewesen sein mag) in folgendem: Erstens hätte der Verzicht auf »Zitadelle« ein weiteres Abwarten im Osten bedingt mit all den Gefahren, die ein solches im Hinblick auf die zu erwartende zweite Front bedeutet hätte...
Zweitens waren wir überzeugt, daß unser Angriff zwar schwer sein, daß er aber zum Erfolg führen werde.«
Generaloberst Heinz Guderian, damals als soeben neu ernannter Generalinspekteur der Panzertruppen tätig, hielt den Angriff, wie er in seinen »Erinnerungen eines Soldaten« schreibt, für zwecklos und hatte in der Besprechung am 4. Mai 1943 die Auffassung vertreten, daß die gerade einmal vollzogene Auffrischung der Panzerverbände im Osten durch die zu erwartenden schweren Panzerverluste wieder zerschlagen würde.
Wäre es nicht zweckmäßig gewesen, wie im Frühjahr 1942 bei Charkow, die mühevoll erneuerten Panzer- und Panzergrenadierdivisionen zu der Abwehr der zu erwartenden russischen Offensive einzusetzen? Eine Fragestellung, die nur die rein militärischen Belange berücksichtigt. Das reicht für eine Bewertung nicht aus. Berücksichtigt werden mußte das politische und militärische Ansehen Deutschlands in diesem Krieg, daß bei den Verbündeten wie bei seinen Gegnern empfindliche Einbußen erlitten hatte. Auf lange Sicht mußte die militärische Kraft der deutschen Wehrmacht schwinden und das überlegene wirtschaftliche und militärische Potential Sowjetrußlands und seiner Verbündeten Deutschland die Niederlage auf dem Schlachtfeld bringen. 1944 wurde die Landung der Westmächte in Frankreich erwartet. Alles Gründe, noch einmal den Versuch zu unternehmen, an der Ostfront einen Sieg zu erzwingen. Das Motto der Schlacht war: »Es darf nicht schief gehen!« Der Entschluß, bei Kursk anzugreifen, war eine politische Entscheidung.
Eine weitere Frage bewegt die Gemüter:
War es angesichts des allgemeinen Kräfteverhältnisses richtig, den Angriff zur Beseitigung des russischen Frontvorsprungs von Anfang April 1943 bis zum Juli des Jahres zu verschieben? Eine Entscheidung, die mit einer bis zum 10. Juni 1943 in Aussicht gestellten wesentlichen Verstärkung der Panzerkräfte, darunter erheblicher Mengen der neuen Panzerkampfwagen »Panther« und »Tiger«, der Sturmgeschütze »Ferdinand« sowie der Nachrüstung der Panzerkampfwagen III und IV mit Panzerschürzen begründet worden ist. Von Manstein kommentiert den, wie er schreibt, verhängnisvollen Aufschub in seiner Erinnerung: »Der Zuwachs an Panzern, den wir erhalten sollten, würde durch den Zufluß an Panzern auf so-

Der Reichsminister für Rüstung und Kriegsproduktion Albert Speer auf Geländefahrt mit dem Prototyp VK.3601. Speer hatte seit Anfang 1943 durch verschiedene Erlasse und Verfügungen fast uneingeschränkte Möglichkeiten, Bevölkerung und Wirtschaft den Anforderungen totaler Kriegführung unterzuordnen. Die Auswirkungen für die Operation "Zitadelle" blieben auf Sonderaktionen in der Rüstung beschränkt. Eine generelle Erhöhung der Kriegsproduktion zeichnete sich erst in der zweiten Jahreshälfte 1943 ab.

wjetischer Seite vermutlich mehr als ausgeglichen werden«. In einer lange nach der Schlacht im Kursker Bogen von der Abteilung Fremde Heere Ost (IId) vorgelegten Untersuchung über die Panzerproduktion Sowjetrußlands fand diese Auffassung ihre Bestätigung. Danach sind 1943 20.350 Panzer und 2500 Selbstfahrlafetten hergestellt worden; 3650 Panzer kamen im Rahmen des Pacht- und Leihabkommens aus den USA und England. Nach dem Krieg veröffentlichte Zahlen bestätigten die auf deutscher Seite, vor allem an Hand der Seriennummern abgeschossener Panzer, ermittelten erstaunlich korrekten Angaben: Im Jahr 1943 wurden 19.994 Panzer und 4194 Selbstfahrlafetten fertiggestellt. Die Bestandszahl der Roten Armee sind für den Dezember 1942 mit 6270 Panzern angegeben; sie erhöhten sich bis Juni 1943 auf 16.560! Zum Vergleich Angaben über den Bestand an Panzerkampfwagen und Sturmgeschützen auf deutscher Seite; Am 1. Januar 1943 waren es 5370 bzw. 1155 gewesen. Ihre Gesamtzahl erhöhte sich bis Anfang Juli auf etwa 7000 Kampffahrzeuge, davon 5850 Panzer. Fazit: Die mehrfache Verschiebung des Termins für die Operation »Zitadelle« von Mitte April auf Mai, dann auf den Juni und schließlich Anfang Juli 1943 verschlechterte die Lage der deutschen Angriffsgruppierungen. Bereits am 23. Juni 1943 wurde eingeschätzt: »...daß der Angriff auf Kursk jetzt riskant scheint, weil die Rote Armee ab 1. Juni so starke Kräfte im Raum Kursk zusammengezogen hat, daß von einer Überlegenheit nicht mehr gesprochen werden könne«. Das Oberkommando der Roten Armee erhielt übrigens durch eine Kundschaftergruppe (Rado) genaue Angaben über alle Veränderungen in der deutschen Angriffsplanung.

Die moderne Kriegsgeschichte kennt nur wenige Beispiele dafür, daß der Erfolg in einer Schlacht bereits in der Phase ihrer Vorbereitung in dem Maße von der Verfügbarkeit neuer Militärtechnik abhängig gemacht wurde, wie das bei der Operation »Zitadelle« der Fall gewesen ist. Überlegungen in diese Richtung beeinflußten, wie bereits dargestellt, den Angriffsbeginn, weiterhin die Durchführung der Operation und in sehr zugespitzter Form die Erwartungshaltung der deutschen Führung hinsichtlich des Erfolges der Operation »Zitadelle«. In der Tat verkörperten neue Nebelwerfer, Panzerkampfwagen, Sturmgeschütze und Selbstfahrlafetten, ebenso wie verbesserte und neue Flugzeugmuster, die im Kursker Bogen erstmals in nennenswerten Zahlen auftraten, eine größere Feuer- und Stoßkraft auf dem Schlachtfeld. Von einer massenhaften Verwendung kann zum Zeitpunkt der Schlacht aber nicht die Rede sein. 2700 Panzerkampfwagen und Sturmgeschütze sind für »Zitadelle« bereitgestellt worden, davon waren nur 146 Panzerkampfwagen VI »Tiger« I (Sd.Kfz. 181) und 192 Panzerkampfwagen V »Panther« (Sd.Kfz. 171) und 90 Sturmgeschütze »Ferdinand« (Sd.Kfz. 184s). Den größten Teil gepanzerter Kampffahrzeuge bildeten modernisierte Panzerkampfwagen III und IV, weiterhin Sturmgeschütze III. Die neuen Panzermodelle, mit deren Einsatz sich deutscherseits so große Hoffnung verbanden, waren überdies nicht ausreichend erprobt und zeigten zahlreiche Mängel. Von den 192 »Panthern« der Panzerbrigade 10 sind am Abend des ersten Einsatztages, dem 5. Juli 1943, noch 40 einsatzbereit gewesen. Bis zum 13. Juli, das heißt innerhalb von neun Einsatztagen, traten allein 25 Ausfälle infolge von Motorbränden bei diesem Typ auf. Ähnlich sah es beim »Ferdinand« aus.

Auch die Luftwaffe konzentrierte ihre Kräfte und Mittel schwerpunktmäßig für die Operation »Zitadelle«. Aus der Fertigung der Monate Mai und Juni 1943 waren zirka 2000 Flugzeuge (50 Prozent der Neufertigung) für die Ostfront vorgesehen. Zu den verbesserten Modellen, die nun zur Truppe kamen, gehörte das Jagdflugzeug Me-109 G mit einem neuen, leistungsstärkeren 1700 PS-Daimler-Benz-Motor. Es erreichte damit 670 km/h. Auch das Jagdflugzeug Fw-190 trat bei Kursk in größerer Zahl als bisher üblich auf. Bei der IV./ Schlachtgeschwader 9 des VIII. Fliegerkorps befanden sich 68 Schlachtflugzeuge Hs-129, die mit ihrer Kanonenbewaffnung speziell zur Panzerbekämpfung vorgesehen waren. Das trug ihnen den Beinamen »fliegende Büchsenöffner« ein.

Alle Angaben über die Leistungsfähigkeit und Stückzahlen neuer Militärtechnik auf deutscher Seite können nicht darüber hinwegtäuschen, daß ihre Wirkung auf den taktischen Bereich begrenzt bleiben mußte. Die stark ausgeprägte Hoffnung Hitlers und der deutschen Führung, damit den Erfolg bzw. Mißerfolg in einer Materialabnutzungsschlacht, wie der im Kursker Bogen, zu verbinden, sind irrelevant, eine einseitige Überbetonung des qualitativen Faktors der Militärtechnik und seiner Auswirkung auf die Kriegführung. Wie bereits geschildert, litt der Einsatz insbesondere der »Panther« und »Ferdinand« überdies unter technischen Mängeln, so daß nur wenige ihrer Besatzungen die Möglichkeit hatten deren überlegene Feuerkraft und Panzerung auf dem Gefechtsfeld zur Geltung zu bringen.

Auf der Truppe lastete die Verantwortung, mit unzulänglichen Mitteln und unterlegener Zahl eine Offensive durchzuführen und den Erfolg zu erzwingen. Eine Vorahnung von der Schwere der bevorstehenden Kämpfe vermittelte die von der ersten Stunde an sehr aktive Verteidigung der Roten Armee. Das Oberkommando der Woronesher Front befahl noch in der Nacht vom 4. zum 5. Juli 1943 einen heftigen Artillerieschlag gegen die deutschen Bereitstellungsräume. In den frühen Morgenstunden des 5. Juli griffen über 300 russische Kampfflugzeuge die deutschen Flugplätze bei Charkow und Bjelgorod an. Zu diesem Zeitpunkt befanden sich die deutschen Geschwader größtenteils schon in der Luft, so daß zumindest dieser Schlag nicht den erhofften Erfolg brachte. Die Schlacht hatte begonnen. Von der ersten Stunde an ist sie auf beiden Seiten mit aller Heftigkeit und größter Erbitterung geführt worden.

Vom "Sturmgeschütz auf Fahrgestell Porsche-Tiger", später Jagdpanzer „Ferdinand" (Sd.Kfz.184) sind vom Heereswaffenamt im April 1943 30 - und im Mai 60 Fahrzeuge abgenommen worden. Während der Operation „Zitadelle" waren die Panzerjägerabteilungen 653 und 654 mit dem Jagdpanzer ausgestattet. Beide Abteilungen und die Sturmpanzerabteilung 216 wurden dem Panzerjägerregimentsstab 656 unterstellt. Ihr Einsatz erfolgte bei der Heeresgruppe Mitte.

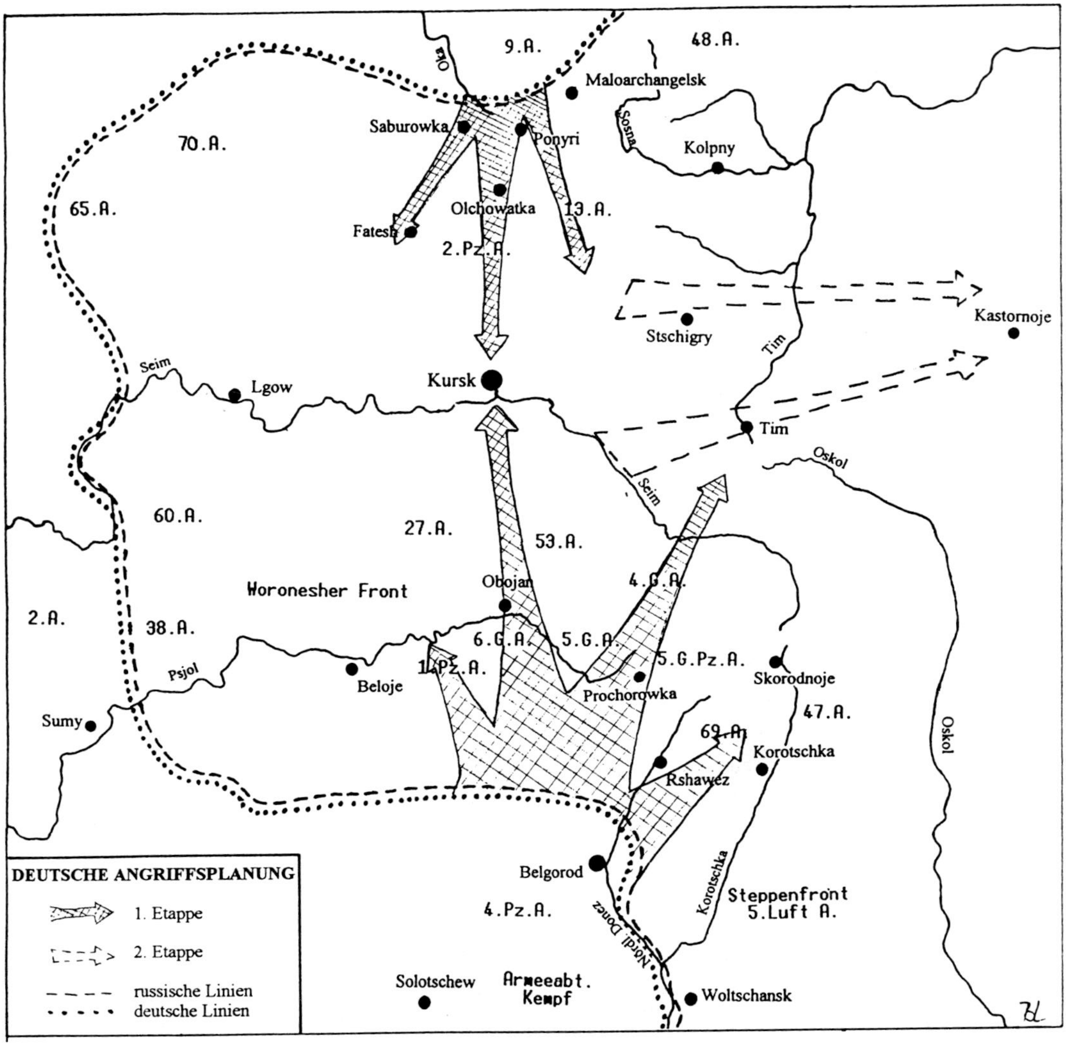
9.A.
48.A.
Oka
Maloarchangelsk
Saburowka
Ponyri
Sosna
Kolpny
70.A.
65.A.
Olchowatka
13.A.
Fatesh
2.Pz.A.
Kastornoje
Stschigry
Tim
Seim
Lgow
Kursk
Tim
Oskol
Seim
60.A.
27.A.
53.A.
Woronesher Front
Obojan
4.G.A.
2.A.
38.A.
6.G.A.
5.G.A.
5.G.Pz.A.
Skorodnoje
Psjol
Beloje
1.Pz.A.
Prochorowka
47.A.
Sumy
69.A.
Korotschka
Rshawez
Oskol
DEUTSCHE ANGRIFFSPLANUNG
1. Etappe
2. Etappe
russische Linien
deutsche Linien
Belgorod
4.Pz.A.
Nördl. Donez
Korotschka
Steppenfront
5.Luft A.
Solotschew
Armeeabt. Kempf
Woltschansk

Bereitstellung von Munition für die Operation "Zitadelle". In der Meldung über die Munitionslage in der ersten Juli-Hälfte 1943 wurde besonders auf die Sparmaßnahmen vor der Schlacht hingewiesen. Mit Beginn der Großkämpfe schnellte der Verbrauch allerdings auf eine bis dahin nicht gekannte Höhe.

Auch die Munitionsbevorratung bei der Luftwaffe für die bevorstehenden Angriffskämpfe im Kursker Bogen war das Ergebnis einschneidender Sparmaßnahmen an anderen Frontabschnitten. Im Bild Bombenlager auf einem Feldflugplatz im Raum Charkow.

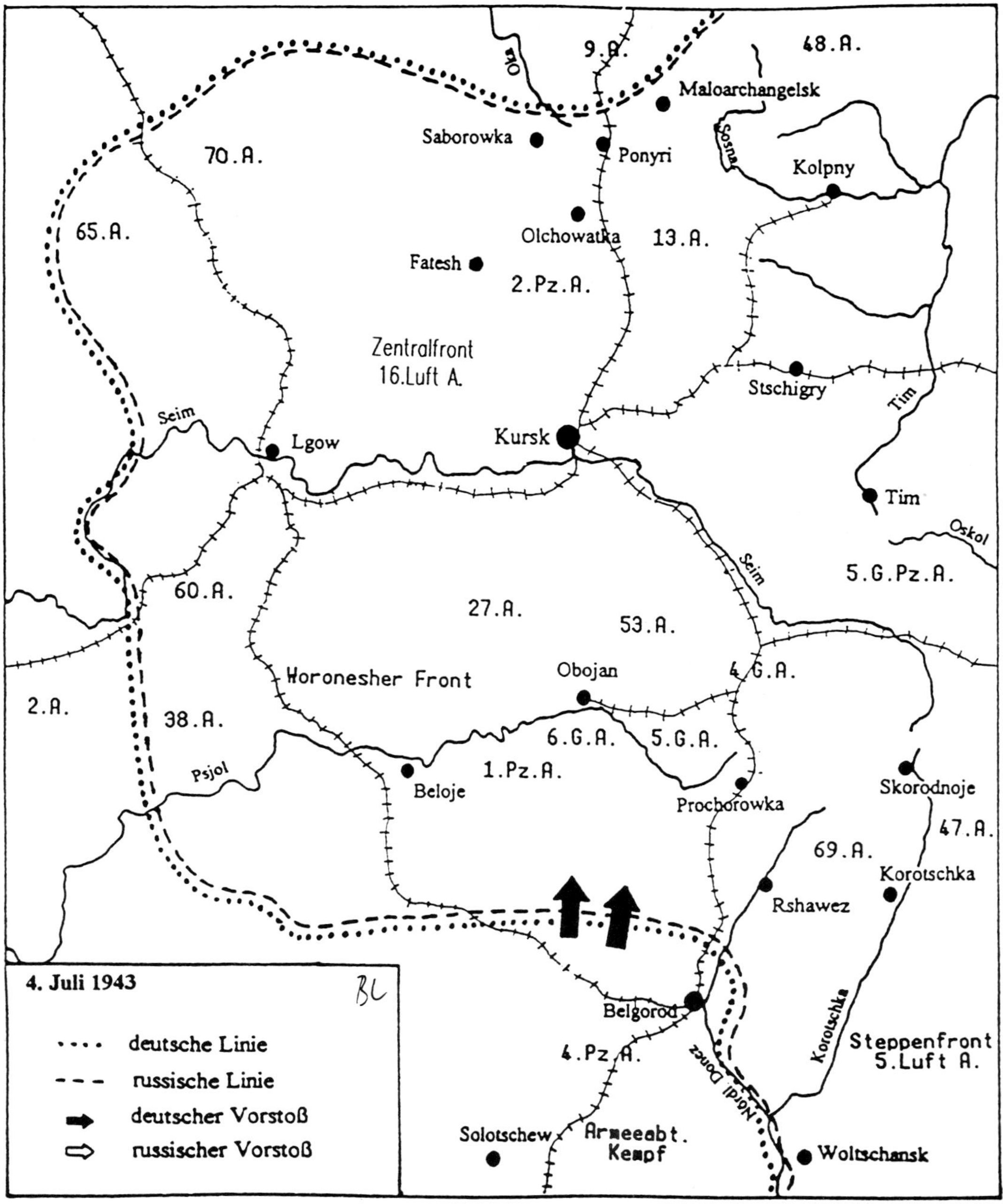
9.A.
48.A.
Oka
Maloarchangelsk
Saborowka
Ponyri
Sosna
70.A.
Kolpny
65.A.
Olchowatka
13.A.
Fatesh
2.Pz.A.
Zentralfront
16.Luft A.
Stschigry
Tim
Seim
Kursk
Lgow
Tim
Oskol
Seim
5.G.Pz.A.
60.A.
27.A.
53.A.
Woronesher Front
Obojan
4.G.A.
2.A.
38.A.
6.G.A.
5.G.A.
Psjol
1.Pz.A.
Beloje
Skorodnoje
Prochorowka
47.A.
69.A.
Korotschka
Rshawez
4. Juli 1943
Belgorod
deutsche Linie
russische Linie
deutscher Vorstoß
russischer Vorstoß
4.Pz.A.
Nördl. Donez
Korotschka
Steppenfront
5.Luft A.
Solotschew
Armeeabt.
Kempf
Woltschansk

4. Juli 1943

Heeresgruppe Süd

In der Nacht zum 4. Juli bezogen die letzten Divisionen der 4. Panzerarmee und der Armeeabteilung Kempf im Süden des Kursker Frontbogens ihre Bereitstellungsräume. Begleitet von einzelnen heftigen Gewittern stießen im Schutze der Dunkelheit starke Spähtrupps in eine von russischen Truppen verlassene, mehrere Kilometer tiefe Zone vor. Bis zum Morgengrauen räumten die Pioniere große Mengen russischer Minen; allein die 2./Panzerpionierbataillon »Großdeutschland« nahm innerhalb weniger Stunden 2700 Panzer- und Schützenminen auf.

Das Ziel der deutschen Angriffsgruppierungen war Obojan. Die Stadt lag 50 Kilometer vor den deutschen Linien, in nördlicher Richtung. Dazwischen befand sich, verdeckt von einigen Höhenzügen, die russische Sicherung besetzt hielten, der Hauptverteidigungsstreifen der 5. und 6. Gardearmee. 14.50 Uhr griffen Sturzkampfbomber des Stuka-Geschwaders 2 die russischen Stellungen auf den Höhen an. Innerhalb von zehn Minuten wurden 132 Einsätze geflogen und 2500 Bomben auf einen Streifen mit einer Ausdehnung von nur 3000 x 500 m geworfen. Im Verlauf weiterer Einsätze kommen Behälter mit Splitterbomben SD-1 und SD-2 zum Abwurf. Heftiges Artilleriefeuer folgte und hielt die Rotarmisten nieder. Im Abschnitt des II. SS-Panzerkorps nahmen Grenadiere der 255. und 332. Infanteriedivision die Höhenzüge zwischen Strelezkoje und Jachontow ohne Panzerunterstützung; beim XXXXVIII. Panzerkorps fiel diese Aufgabe der Panzergrenadierdivision »Großdeutschland« zu, die den Abschnitt Gerzowka - Butowo eroberte.

Die russische Seite ist überrascht, einige Einheiten leisteten stellenweise jedoch hartnäckigen Widerstand, der von der Artillerie und von Fliegerkräften unterstützt wurde. Zum Abend flauten die Gefechte ab. Auf den Höhenzügen richteten deutsche Artilleriebeobachter ihre B-Stellen ein; Artillerie wurde vorgezogen.

Die Kampfhandlungen des Tages bestätigten der russischen Führung endgültig, daß der deutsche Großangriff unmittelbar bevorstand. Das Oberkommando der Wehrmacht der Woronesher Front befahl noch am 4. Juli um 22.30 Uhr einen heftigen Artillerieschlag auf die deutschen Bereitstellungsräume, der dort Verwirrung und Verluste hervorrief. Damit ging der Tag zu Ende.

Generalfeldmarschall Erich v. Manstein war im Juli 1943 Oberbefehlshaber der Heeresgruppe Süd und nahm maßgeblich Einfluß auf die Operationsführung der 4. Panzerarmee und Armeeabteilung Kempf.

Heeresgruppe Mitte

Der Tag verlief auffallend ruhig; selten fiel ein Schuß. In einem Bereitstellungsraum mit einer Ausdehnung von 60 Kilometern in der Breite und zehn Kilometern in der Tiefe bereiteten sich die für den Angriff vorgesehen Verbände der 9. Armee unter Generaloberst Walter Model auf den Kampf vor. Das Ziel befand sich im Süden: die Industriestadt Kursk. Dazwischen lag wie ein Sperriegel das Höhengelände von Olchowatka, das von Truppen der Zentralfront (Armeegeneral K.K. Rokossowski) verteidigt wurde. In der Nacht bemühten sich deutsche Pioniere, die zahlreichen Minen vor den russischen Stellungen aufzunehmen. Einige von ihnen gerieten dabei in den Abschnitten der 13. und 48. Armee in Gefangenschaft. Ihre präzisen Angaben über den Zeitpunkt des deutschen Angriffs erleichterten die Vorbereitungen von Gegenmaßnahmen auf der russischen Seite.

Im Abschnitt der 4. Panzerarmee sind die Kampfhandlungen bereits am Nachmittag des 4. Juli 1943 eröffnet worden. Es ging darum, günstigere Sturmausgangsstellungen zu gewinnen, die Lage der Beobachtungsstellen zu verbessern. Die Pioniere nutzten die Zeit zur Beseitigung von Hindernissen und Minensperren.

Pioniere beim Aufnehmen russischer Minen. Auf russischer Seite hatte man dem Einsatz von Minen größte Aufmerksamkeit gewidmet und allein 434 667 Panzerminen sowie große Mengen von Schützenminen verlegt. Sie waren im Verlaufe des Frühjahrs von Gras und Strauchwerk überwuchert worden und bestens getarnt.

Artilleriebeobachter auf einer neu eingerichteten Beobachtungsstelle auf dem Höhenzug zwischen Strelezkoje und Jachtonow. Daß die verhältnismäßig schwache deutsche Artillerie in der Juli-Schlacht dennoch zur Geltung kam, war vor allem ein Verdienst der Artilleriebeobachter, durch die das gut gelenkte Artilleriefeuer immer wieder an Schwerpunkten des Kampfes wirksam wurde.

Das Werferregiment 52 befand sich seit Ende April 1943 im Raum Charkow zur Auffrischung und Ausbildung. Am 3. Juli 1943 bezogen die drei Abteilungen ihre Feuerstellungen bei Belgorod. Die Stärke der Nebelwerfer lag im überfallartig geschossenen Massenfeuer auf Flächenziele und der damit verbundenen zerstörenden und demoralisierenden Wirkung.

Die Artillerie der Roten Armee trat von der ersten Stunde der Schlacht im Kursker Bogen massiert und mit großer Wirksamkeit in Erscheinung. Sie hatte wesentlichen Anteil an der Abwehr der deutschen Offensive. Im Bild eine 76,2-mm-Divisionskanone 39 in Feuerstellung.

Über das Rohr einer 10,5-cm-Panzerhaubitze II "Wespe" (Sd.Kfz.124) fotografiert - russische Schlachtflieger Il-2 im Anflug auf deutsche Bereitstellungen. Insgesamt verfügte die russische Seite im Kursker Bogen über 2650 Flugzeuge, wovon die Masse bei der 5. bzw. 16. Luftarmee konzentriert worden ist.

Auch auf deutscher Seite wurden bedeutende Luftstreitkräfte bereitgestellt - ca. 2000 Flugzeuge. Der Sturzkampfbomber Ju-87 erhielt von den russischen Soldaten den Namen "Bastschuhträger". Davor eine 500-kg-Bombe SD-500 A. Sie bildete beim Zerknall etwa 6800 Splitter mit einem Gewicht von 5 bis 40 kg aus.

Links: Ein Abwurfbehälter AB-50 mit 17 10-kg-Splitterbomben SD-10. Er war für den Horizontal-Hochangriff, den Sturzangriff, den Jabo- und den Tiefangriff gleichermaßen geeignet. Aus 600 m Abwurfhöhe ergab sich ein Streubild der Bomben von 120 x 30 m. Der Behälter wog komplett 220 kg.

Unten: Der AB-50 war ein Klappschalenabwurfbehälter. Er besaß einen über Zünder ausgelösten elektrisch-pyrotechnischen Öffnungsmechanismus. Die hier gezeigte Ausführung ist mit 48 kleinen Splitterbomben SD-1 (= Splitter, dickwandig, 1 kg) gefüllt. Jede Bombe wog 0,76 kg und zerlegte sich beim Zerknall in etwa 100 Splitter.

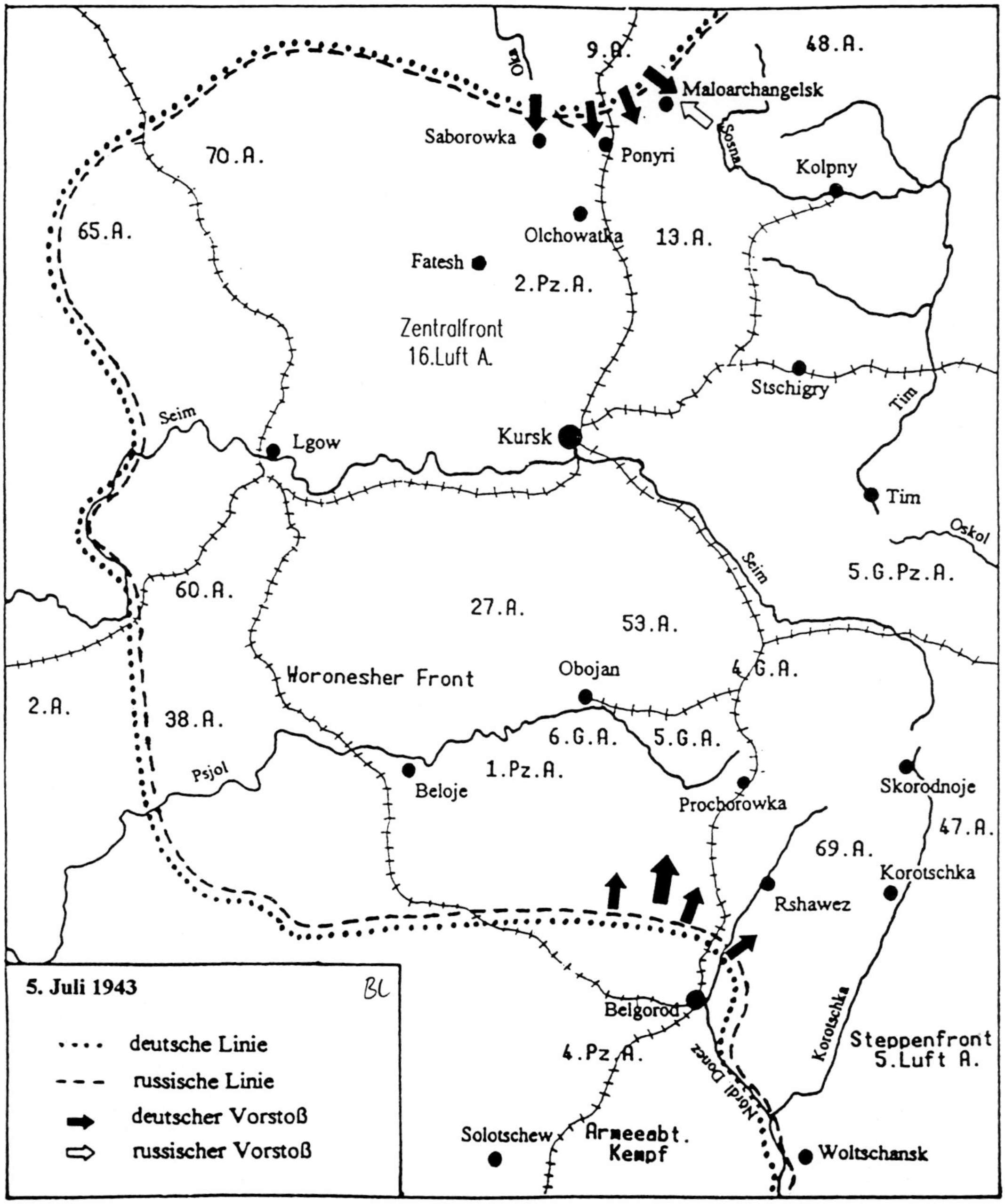

9.A.
48.A.
Ola
Maloarchangelsk
Saborowka
Ponyri
Sosna
Kolpny
70.A.
65.A.
Olchowatka
13.A.
Fatesh
2.Pz.A.
Zentralfront
16.Luft A.
Stschigry
Tim
Seim
Lgow
Kursk
Tim
Oskol
Seim
5.G.Pz.A.
60.A.
27.A.
53.A.
Obojan
4.G.A.
Woronesher Front
2.A.
38.A.
6.G.A.
5.G.A.
Psjol
1.Pz.A.
Beloje
Prochorowka
Skorodnoje
47.A.
69.A.
Korotschka
Rshawez
5. Juli 1943
deutsche Linie
russische Linie
deutscher Vorstoß
russischer Vorstoß
Belgorod
4.Pz.A.
Nordl. Donez
Korotschka
Steppenfront
5.Luft A.
Solotschew
Armeeabt.
Kempf
Woltschansk

5. Juli 1943

Heeresgruppe Süd

In den frühen Morgenstunden griffen 132 Schlacht- und 285 Jagdflugzeuge der 2. und der 17. Luftarmee die deutschen Feldflugplätze bei Charkow und Belgorod an. Der Angriff brachte nicht den erhofften Erfolg; die deutschen Geschwader befanden sich größtenteils schon in der Luft.
Um 2.30 Uhr begann der deutsche Angriff. Beiderseits Bjelgorod gingen das XI. Armeekorps z.b.V. Raus und das III. Panzerkorps über den Donez. In den nächsten Stunden folgten das II. SS-Panzerkorps sowie das XXXXVIII. Panzerkorps. Die gesamte Südfront war in Bewegung.
Die Fliegerverbände der Luftwaffe 2 errangen schnell die Luftüberlegenheit. Allein das VIII. Fliegerkorps flog 2390 Einsätze, wovon ca. 1100 auf die Sturzkampfbomber entfielen. Mit dieser konzentrierten Luftunterstützung konnte das XXXXVIII. Panzerkorps im Tagesverlauf bis in die zweite russische Stellung vorstoßen. Sie gänzlich zu durchstoßen gelang an diesem Tag nicht mehr. Das schlechte Wetter -wiederholt gingen Gewitter nieder - und die Geländeverhältnisse verzögerten eine erneute Bereitstellung.
Auf dem rechten Flügel, beim II. SS-Panzerkorps, blieb der Angriff zunächst im heftigen russischen Artilleriefeuer liegen. Erst wiederholte Einsätze der Sturzkampfbomber und die Feuerzusammenfassung der Artillerie auf eine beherrschende Höhe brachten die erhofften Fortschritte. Bis zum Abend ist die zweite russische Stellung im Raum Jakowlewo erreicht worden.

Im Feuer der russischen Artillerie.

Die Armeeabteilung Kempf am rechten Flügel der Angriffsgruppierung mußte erst den Donez überwinden. Nach einem Feuerschlag der Artillerie gelang es dem XI. Armeekorps mit der 320. und 106. Infanteriedivision, auf dem Ostufer des Flusses Fuß zu fassen und die Bahnlinie Bjelgorod - Woltschansk zu erreichen. Starkes russisches Artilleriefeuer, die Verminung des Geländes und der sich versteifende Widerstand verminderten das Angriffstempo. Es fehlten schwere Waffen und Sturmgeschütze, die nur allmählich über den Fluß kamen.
Das III. Panzerkorps der Armeeabteilung deckte den rechten Flügel der 4. Panzerarmee. Dort stieß die 6. Panzerdivision nach Staryj Gorod vor, die 19. Panzerdivision blieb dagegen im Brückenkopf Michailowka liegen. Bei Ssolomino war es der 7. Panzerdivision gelungen, über den Donez zu gehen; sie stieß zügig nach Nordosten vor und durchbrach die zweite russische Stellung, geriet hier jedoch in ein Minenfeld. Ihr Angriff erleichterte aber das Vorgehen der 6. Panzerdivision.
Die deutschen Stäbe erkannten an den heftigen Gegenmaßnahmen der russischen Truppen, daß von einer Überraschung für den Gegner nicht die Rede sein konnte. Im Gegenteil, es war der russischen Führung gelungen, die Masse ihrer Verbände, einschließlich der Artillerie, auf die zweite Stellung zurückzunehmen. Am frühen Nachmittag hatte der Oberbefehlshaber der Woronesher Front bedeutende Panzer-und mechanisierte Kräfte vorgezogen, die den deutschen Durchbruch nach Obojan mit einem für den folgenden Tag angesetzten Gegenangriff verhindern sollten. Die in der Front stehenden Armeen wurden durch Artillerie-und Panzerabwehrregimenter verstärkt. Es gelang mit Mühe, die deutschen Angriffe zu kanalisieren und die Einschließung eigener Einheiten zu verhindern. Eine Besonderheit stellten die vielen als ortsfeste Feuerpunkte eingesetzten russischen Panzer dar. Das ging auf eine Entscheidung Stalins zurück, der die Auseinandersetzung seiner Militärs über Art und Weise der Panzerverwendung in der Verteidigung damit beendet hatte.

Während im Osten der Morgen graut, eröffnet die deutsche Artillerie die Schlacht. Im Bild: 21-cm-Mörser 18 beim Abschuß.

Die Geräuschkulisse der Schlacht wird durch einen Feuerschlag der Nebelwerfer für kurze Zeit übertönt. Wie Feuerpfeile bohren sich die 21-cm-Wurfgranaten in den Morgenhimmel.

Allmählich wird es heller. Aus der Stellung eines vorgeschobenen Beobachters sind die russischen Stellungen zu erkennen. Feuer und Rauch erschweren die Sicht.

Deutsche Grenadiere sind bereits in das russische Stellungssystem eingedrungen. Sich versteifender Widerstand macht die Nachführung von schweren Waffen erforderlich.

Panzerkampfwagen III (5-cm L/60) (Sd.Kfz.141/1). Ausführung M der 3. SS-Panzergrenadierdivision „Totenkopf" rollen aus ihren Bereitstellungsräumen bei Strelezkoje nach vorn (II. SS-Panzerkorps). Interessant ist, daß offensichtlich nicht alle Kampfwagen mit Panzerschürzen ausgerüstet werden konnten. Die 5-cm-Kampfwagenkanone 39 L/60 ließ den erfolgreichen Beschuß russischer Panzer nur mit der Panzergranate 40 auf Entfernungen unter 500 m zu.

Wesentlich erfolgreicher erwiesen sich im Panzerkampf Sturmgeschütze. Sie konnten den russischen T-34 mit ihrer 7,5-cm-Sturmkanone 40 L/48 bereits auf Entfernungen unterhalb von 1500 m mit Aussicht auf Erfolg bekämpfen. Im Bild eine Sturmgeschützbatterie auf dem Weg in den Bereitstellungsraum.

Die russische Infanterie verteidigte ihre Stellungen äußerst hartnäckig. Häufig ließ sie sich von den Panzern überrollen und nahm den Kampf gegen die nachfolgenden Grenadiere wieder auf. Hier wurde eine Maschinengewehrstellung zerschlagen; das schwere Maschinengewehr Maxim Modell 1910 ist beschädigt.

Äußerst unangenehm machte sich das Feuer der zahlreichen russischen Panzerbüchsenschützen bemerkbar. Ihre Feuerstellungen ließen sich nur schwer aufklären. Mit der Panzerbüchse PTRD (Kaliber 14,5 mm) konnten auf 100 m Entfernung immerhin noch 30 mm Panzerstahl durchschlagen werden.

Vor allem im Abschnitt der Woronesher Front wurden Panzer von der Roten Armee in größerer Zahl aus vorbereiteten Feuerstellungen als feste Feuerpunkte zum Einsatz gebracht. Damit hoffte man, den deutschen Kampfwagen mit verstärkter Feuerkraft und Panzerung wirksam begegnen zu können. Ein Notbehelf, der unter Verzicht auf die besonders für den T-34 (im Bild) hohe Beweglichkeit zustande kam.

Heeresgruppe Mitte

Um 3.30 Uhr war der Beginn der deutschen Artillerievorbereitung befohlen, die nur kurz sein sollte, um den Angriff durch vorbereitete Minengassen zu erleichtern. Kurz vor Beginn des eigenen Artilleriefeuers ging auf die deutschen Stellungen ein schwerer Artillerieschlag nieder, den die Zentralfront mit beinahe 1000 Geschützen, Granatwerfern sowie 100 Raketenwerfern führte. Ihr Oberbefehlshaber K.K. Rokossowski hatte diesen Einsatz befohlen. Grundlage seiner Entscheidung waren die Aussagen der in der Nacht beim Minenräumen gefangengenommenen Pioniere.

Die erste Staffel der 9. Armee begann den Kampf zwischen 5.30 Uhr und 8.30 Uhr. Der Angriffsstreifen war 45 Kilometer breit. Zunächst fanden die beiden angreifenden Panzerkorps, das XXXXVII. und das XXXXVI. nur wenig Widerstand. Im Verlaufe des Vormittags nahm die Härte des Kampfes zu. Massiertes russisches Artillerie- und Granatwerferfeuer erschwerte das Eindringen in die zweite Stellung; trotz erheblicher Verluste, 162 Flugzeuge, griffen Schlacht- und Bombenflieger der 16. Luftarmee die deutschen Angriffsspitzen immer wieder an.

Die Verbände des XXXXVI. Panzerkorps erreichten bis zum Abend das Höhengelände südöstlich der Ortschaften Obydenki und Ismailowo, weiterhin Turejka und Gnilez. Beim XXXXVII. Panzerkorps, wo der Schwerpunkt des Angriffes lag, wurde mit starker Luftwaffenunterstützung angegriffen. Hier zeichneten sich die größten Erfolge ab, als am Nachmittag die 2. und die 9. Panzerdivision die zweite russische Stellung aufbrachen. Anders sah es beim XXXXI. Panzerkorps und dem XXIII. Armeekorps aus. Ersteres gewann nur 4 Kilometer und erreichte Oserki, ohne den Ort selbst nehmen zu können. Das zweite kam mit der 78. Sturmdivision und der 216. Infanteriedivision trotz intensiven Artillerieeinsatzes nicht durch die stark ausgebaute russische Stellung nordöstlich Jelisawetino. Bei Maloarchangelsk traf das Korps ein heftiger Gegenstoß.

Sehr schnell gewann die Führung der 9. Armee Klarheit darüber, daß man sich regelrecht durch die Verteidigung des Gegners »fressen« müsse. Der Angriffsschwerpunkt des folgenden Tages war erneut beim XXXXVII. Panzerkorps vorgesehen. Ihm gegenüber lag die 13. Armee, welche vom Oberkommando der Zentralfront in Erwartung des deutschen Hauptstoßes besonders verstärkt worden war. In der Nacht zum 6. Juli griffen russische Bombenfliegerkräfte der 16. Luftarmee den linken Flügel und die Mitte der 9. Armee an. Damit endete dieser Tag.

Immer wieder kommt der deutsche Angriff ins Stocken. Artillerie und Nebelwerfer müssen den Weg regelrecht freischießen. Das kostet vor allem Zeit und ermöglichte der russischen Seite Reserven bereitzustellen.

In der Feuerstellung einer Batterie der schweren Abteilung des Artillerieregiment 292 (292. Infanteriedivision) bei Wessely Bereschok. Jede der vier schweren Feldhaubitzen 18 (Kaliber 15 cm) konnte in einer Minute vier 43,5 kg schwere Sprenggranaten verschießen.

Grenadiere beziehen unter dem Flankenschutz von 8,8-cm-Flugzeugabwehrgeschützen (im Hintergrund zu sehen) die Sturmausgangsstellung. Die häufigen Gegenangriffe russischer Panzer machten den Aufbau einer wirksamen Panzerabwehr zu einer ständigen Aufgabe.

Während der Kämpfe um den Kursker Bogen gingen insgesamt 19 Jagdpanzer „Ferdinand" verloren. Weitere 20 Fahrzeuge des Typs mußten im Verlaufe der Rückzugskämpfe bis zum 1. August 1943 aufgegeben werden.

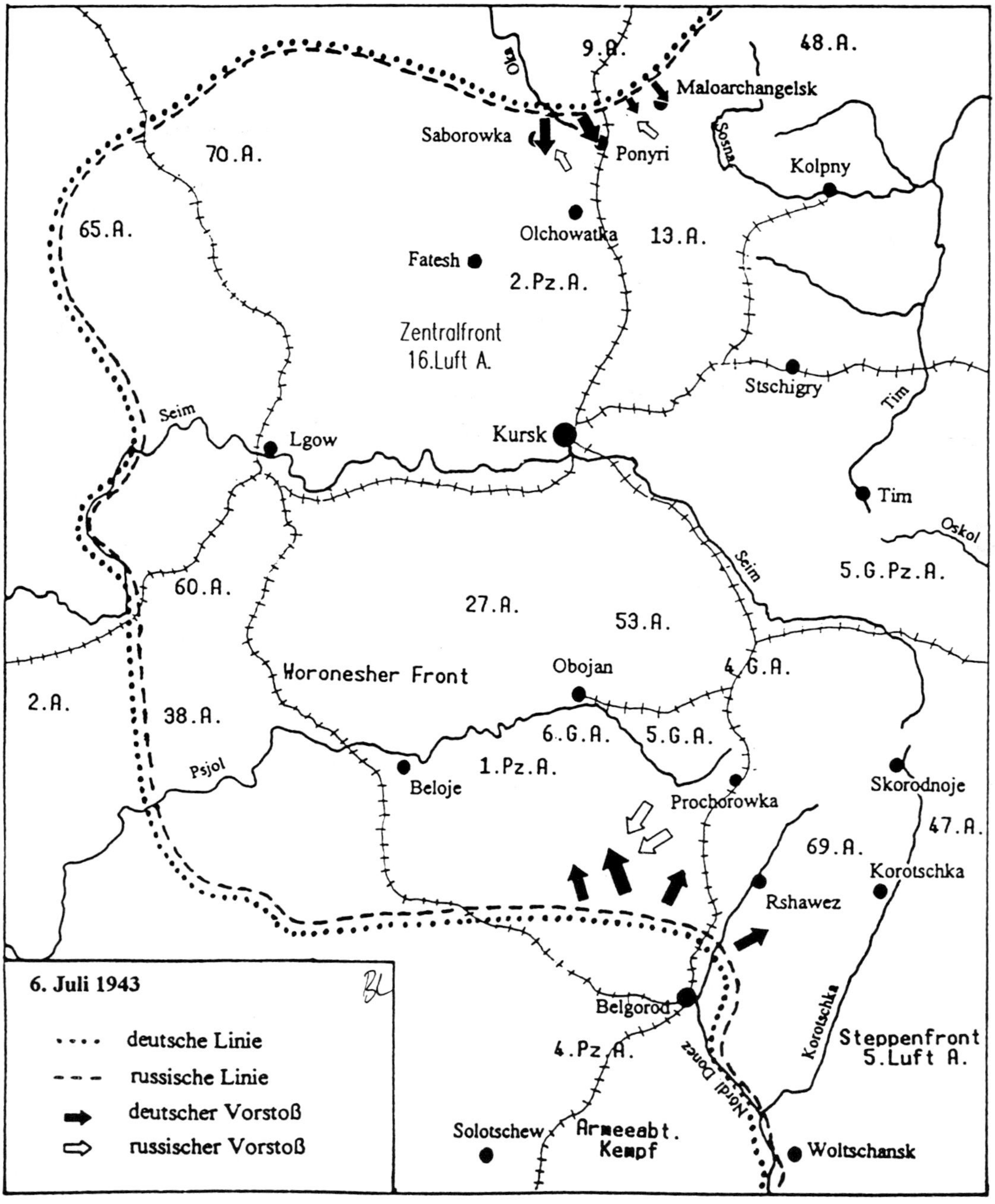

9.A.
48.A.
Maloarchangelsk
Saborowka
Ponyri
Sosna
Kolpny
70.A.
65.A.
Olchowatka
13.A.
Fatesh
2.Pz.A.
Zentralfront
16.Luft A.
Stschigry
Tim
Seim
Lgow
Kursk
Tim
Oskol
Seim
5.G.Pz.A.
60.A.
27.A.
53.A.
Woronesher Front
Obojan
4.G.A.
2.A.
38.A.
6.G.A.
5.G.A.
Psjol
1.Pz.A.
Beloje
Prochorowka
Skorodnoje
47.A.
69.A.
Korotschka
Rshawez
6. Juli 1943
deutsche Linie
russische Linie
deutscher Vorstoß
russischer Vorstoß
Belgorod
4.Pz.A.
Nordl Donez
Korotschka
Steppenfront
5.Luft A.
Solotschew
Armeeabt.
Kempf
Woltschansk

6. Juli 1943

Heeresgruppe Süd

Das XXXXVIII. Panzerkorps trat an diesem Morgen erst 8.30 Uhr zum Angriff an. Die stark befestigten russischen Stellungen wurden tapfer verteidigt. Im Tagesverlauf versteifte sich der Widerstand noch weiter, so daß es wiederum nicht gelang, die zweite Verteidigungslinie zu durchbrechen. Dabrowa konnte nicht erreicht werden; die Ortschaft Karowina war mit Panzerabwehrgeschützen nur so gespickt und wurde ebenfalls nicht genommen. Der Aufmarsch starker russischer Panzerkräfte vor dem Panzerkorps im Raum Tschernowka bedrohte die Verbindung zu dem vorgeprellten II. SS-Panzerkorps. Die russischen Panzerangriffe konnten aber abgeschlagen werden; der Gegner wurde bis zum Abend hinter den Donez zurückgedrängt.

Dem II. SS-Panzerkorps war schon in den frühen Morgenstunden der Durchbruch durch die zweite russische Stellung bei Jakowlewa gelungen. An der Straße nach Obojan traf den rechten Flügel des Korps ein heftiger Gegenstoß zweier Gardepanzerkorps. Nach dessen Abwehr wurde die Straße nach Prochorowka überschritten, Kalinin, Lutschki und Jerik genommen.

Bei der Armeeabteilung Kempf hatte der Angriff sehr zeitig begonnen; das XI. Armeekorps war um 4.00 Uhr angetreten. Beim III. Panzerkorps hatten russische Luftangriffe zu Verzögerungen geführt; um 5.00 Uhr wurde angegriffen. Während der rechte Flügel des XI. Armeekorps vor einem versumpften Waldgelände zwischen dem nördlichen Donez und der Bahn nach Woltschansk liegenblieb, konnte am linken Flügel die 106. Infanteriedivision den Vorstoß der 7. Panzerdivision (III. Panzerkorps) ausnutzen und weiter nach Osten vorstoßen. Am erfolgreichsten war die 6. Panzerdivision, welcher der Ausbruch aus dem Brückenkopf nördlich Bjelgorods gelang. Die 19. Panzerdivision griff in Richtung Michailowka an und versuchte, nach Norden einzuschwenken. Der sich versteifende Widerstand im Abschnitt der russischen 69. Armee barg die Gefahr in sich, daß die Armeeabteilung Kempf zu sehr nach Osten abgedrängt wurde und die tiefe rechte Flanke des II. SS-Panzerkorps ungedeckt blieb.

Auf dem Weg in die Schlacht - ein Grenadier der Waffen-SS mit dem leichtem Maschinengewehr.

Der Oberbefehlshaber Woronesher Front, Oberst General Watutin sah die Gefahr eines deutschen Durchbruchs auf Obojan. Bis zu 14 Kilometer hatten sie sich in die Verteidigung seiner Front hineingestemmt. Gegenangriffe, so der des 17. Gardeschützenkorps, waren erfolglos geblieben. Am Abend wurden aus der Reserve des Oberkommandos der Roten Armee des 2. und 10. Panzerkorps nach Prochorowka verlegt. In 95 Kilometer Entfernung, auf dem Westufer des Oskol zog man die 5. Gardepanzerarmee zusammen und verfügte damit über eine weitere greifbare Reserve zur Abwehr des sich abzeichnenden Durchbruchs deutscher Panzerkräfte.

Panzerkampfwagen IV der 1. SS-Panzergrenadierdivision „Leibstandarte Adolf Hitler". Die Division verfügte zum Beginn der Operation „Zitadelle" über 114 Panzerkampfwagen, davon 72 Panzer des Typs IV. Weiterhin sind 31 Sturmgeschütze und 22 Pak (Sf.) gemeldet worden.

Deutsches Artilleriefeuer auf den russischen Stellungen. Wegen der ungewöhnlichen Tiefe der russischen Verteidigung, die mit bis zu 45 km angegeben ist, hielt sich die Wirksamkeit in Grenzen.

Das XI. Armeekorps wurde am 6. Juli 1943 am nördlichen Donez in schwere Kämpfe verwikkelt. Die durch Wasserläufe und Höhenzüge gekennzeichnete Geländegestaltung begünstigte die Verteidiger.

Der 106. Infanteriedivision gelang es, den Vorstoß der 7. Panzerdivision auszunutzen und weiter in Richtung Osten anzugreifen. Im Tagesverlauf konnte sie auch die Ortschaft Maslowa Pristan erobern.

Rechts: Das II. SS-Panzerkorps mußte am 6. Juli 1943 an der Straße nach Obojan Gegenangriffe von zwei russischen Gardepanzerkorps abwehren, um weiter in Richtung Prochorowka angreifen zu können. Im Verlauf der Kämpfe hatte sich dieser T-34/76 festgefahren. Seine Besatzung mußte regelrecht belagert werden, bevor sie sich ergab.

Unten: Panzerjäger müssen zur Abwehr von Panzerangriffen an der ungedeckten rechten Flanke des II. SS-Panzerkorps in die Kämpfe eingreifen.

Heeresgruppe Mitte

In den Morgenstunden nahm das XXXXVII. Panzerkorps den Angriff mit starker Luftwaffenunterstützung wieder auf, wobei der Schwerpunkt erneut Olchowatka war. Das dort befindliche Höhengelände besaß eine Schlüsselfunktion für den weiteren Verlauf der Schlacht. Die deutschen Panzer rollten im Breitkeil aus dem Brückenkopf Ssoborowka in südlicher Richtung, eroberten die zweite russische Siedlung auf dem Höhengelände, schafften allerdings den Durchstoß nach Kaschara nicht. An der linken Flanke (9. Panzerdivision) traf der Angriffskeil auf einen Gegenstoß des 17. Gardeschützenkorps, das im Tagesverlauf durch das 19. Panzerkorps unterstützt wurde. Den Auftrag, den Angriff des XXXXVII. Panzerkorps zurückzuwerfen, konnten die russischen Verbände zwar nicht erfüllen; sie verhinderten aber den Durchbruch auf Olchowatka.

Auf dem rechten Flügel griff das XXXXVI. Panzerkorps ebenfalls an, konnte den am Vortag erreichten Ort Gnilez nehmen und einen Brückenkopf über den Fluß Sswapa bilden. An der Ostflanke kämpfte sich das XXXXI. Panzerkorps schrittweise durch die russische Siedlung bis Ponyri vor, wobei die 86. Infanteriedivision am linken Flügel vom schweren Panzerjägerregiment 656 unterstützt wurde.

Der Angriff des XXIII. Armeekorps ist zunächst wegen massiver russischer Gegenangriffe nicht richtig in Gang gekommen. Im Verlauf des Tages nahm die 78. Sturmdivision Petrowka. Insgesamt waren die Fortschritte an den Flanken des deutschen Angriffskeil nicht befriedigend. Dieser erhielt immer mehr die Form einer Nadel, die sich mittlerweile bis zehn Kilometer tief in die russische Verteidigung bohrte, ohne Aussicht auf den Durchbruch. Anlaß zur Sorge gaben auf deutscher Seite die länger werdenden Flanken beim XXXXVII. Panzerkorps.

Auch bei der russischen Zentralfront war man besorgt. Der frühzeitig notwendig gewordene Einsatz der operativen Reserven im Abschnitt der 13. Armee hatte die deutsche Panzerlawine nur gebremst, nicht aufgehalten. Das Durchbrechen der eigenen Front auf dem Glacis von Olchowatka und den Ausbruch in das flache Land nördlich von Kursk galt es mit allen Mitteln zu verhindern. Beide Seiten nutzten die Nacht, um die Kräfte umzugruppieren. Die Heeresgruppe Mitte stellte der 9. Armee für den folgenden Tag die 4. Panzerdivision zur Verfügung, die das XXXXVII. Panzerkorps verstärken sollte.

Das Höhengelände von Olchowatka lag wie ein Sperriegel vor der Angriffsfront des XLVII. Panzerkorps. Als sich im Tagesverlauf bei Ssoborowka ein Durchbruch der deutschen Panzer abzuzeichnen begann, ging das 17. Gardeschützenkorps zum Gegenangriff über.

Der Angriff der 86. Infanteriedivision ist am 6. Juli 1943 durch das schwere Panzerjägerregiment 656 unterstützt worden. Die in diesem Verband eingesetzten Jagdpanzer „Ferdinand" hatten dabei erneut technische Ausfälle aufgrund von Überhitzung der Ottomotoren.

Sturmpanzer IV "Brummbär" (Sd.Kfz.166) der Sturmpanzerabteilung 216, die dem Panzerjägerregiment 656 angegliedert war. 17 Fahrzeuge dieses Typs sind während der Operation „Zitadelle" verlorengegangen.

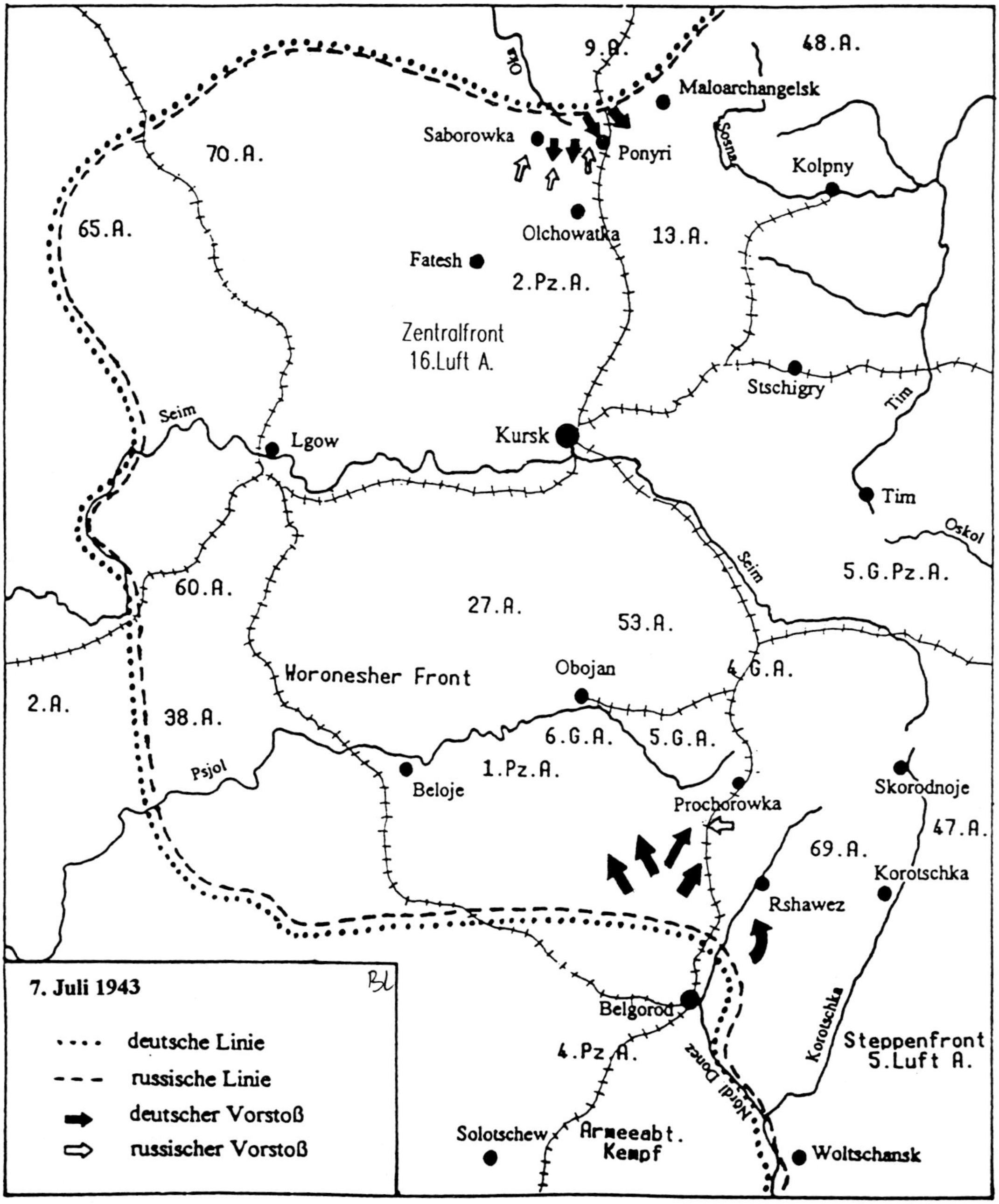
9.A.
48.A.
Oka
Maloarchangelsk
Saborowka
Ponyri
Sosna
Kolpny
70.A.
65.A.
Olchowatka
13.A.
Fatesh
2.Pz.A.
Zentralfront
16.Luft A.
Stschigry
Tim
Seim
Lgow
Kursk
Tim
Oskol
Seim
5.G.Pz.A.
60.A.
27.A.
53.A.
Woronesher Front
Obojan
4.G.A.
2.A.
38.A.
6.G.A.
5.G.A.
Psjol
Beloje
1.Pz.A.
Prochorowka
Skorodnoje
47.A.
69.A.
Korotschka
Rshawez
7. Juli 1943
deutsche Linie
russische Linie
deutscher Vorstoß
russischer Vorstoß
Belgorod
Korotschka
Steppenfront
5.Luft A.
4.Pz.A.
Nordl. Donez
Solotschew
Armeeabt.
Kempf
Woltschansk

7. Juli 1943

Heeresgruppe Süd

Der Tag brachte wechselvolle Kämpfe. So gelang es dem II. SS-Panzerkorps, die an seiner Ostflanke über den Donez vorgedrungenen russischen Panzerkräfte auf das Ostufer des Flusses zurückzuwerfen. Die 3. SS-Panzergrenadierdivision »Totenkopf« eroberte einige Ortschaften und gewann bis zum Abend Anschluß an die 168. Infanteriedivision des III. Panzerkorps. Von der 2. SS-Panzergrenadierdivision »Das Reich« wurde Petrowskij wieder erobert. Anschließend mußten an der Straße nach Prochorowka wiederholt russische Panzerangriffe abgewehrt werden, die in Gruppen bis zu 30 Kampfwagen auftraten. Ähnlich war die Lage bei der 1. SS-Panzergrenadierdivision »Leibstandarte SS Adolf Hitler«, die am Vormittag Prokowka genommen hatte. Sie erhielt dabei Unterstützung durch die Luftwaffe, die an diesem Tag allerdings schwächer war. Fast die Hälfte der für die Südgruppe vorgesehenen Flugzeuge mußte Einsätze bei der 9. Armee im Norden fliegen.

Die Lücke zwischen der 4. Panzerarmee und der Armeeabteilung Kempf hatte sich in bedenklicher Weise vergrößert. Hier lag auch der Schwerpunkt des III. Panzerkorps an diesem Tag. Es nahm das Höhengelände bei Blishnaja und Igumenka und drehte mit allen Divisionen nach Norden ein. Nur schrittweise und mit Unterstützung von Sturzkampfbombern gelang es, die stark ausgebauten russischen Höhenstellungen zu überwinden. Die 6. Panzerdivision nahm Jastrebowo und Ssewrjukowo, die 7. Panzerdivision Mjassojedowo, so daß sich für das 48. russische Schützenkorps die Gefahr der Abschnürung abzuzeichnen begann. Zur gleichen Zeit gewann die 168. Infanteriedivision die Donezlinie. Die länger werdende Ostflanke der Armeeabteilung sicherte die beiden Infanteriedivisionen (320. und 106.) des XI. Korps z.b.V. Raus. Die Heranführung bedeutender russischer Reserven, die bereits am Vortag veranlaßt worden war, blieb dem deutschen Oberkommando nicht verborgen. Der Oberbefehlshaber der 4. Panzerarmee, Generaloberst Hermann Hoth entschloß sich, die Hauptangriffsrichtung nach Nordosten zu verlagern, um zuerst die im Anmarsch befindlichen gegnerischen Kräfte zu vernichten. Anschließend sollte das Operationsziel verwirklicht werden.

Der Panzerkampfwagen VI „Tiger“ (Sd.Kfz.181) war vornehmlich in den Heerespanzerabteilungen anzutreffen. Daneben sind die Panzer auch an Verbände der Waffen-SS zur Auslieferung gekommen. Die „Leibstandarte“ hat Anfang Juli 1943 über 11 „Tiger“ verfügt.

Nebelwerfer spielten im Verlauf der Kämpfe immer wieder eine große Rolle. Im Bild 15-cm-Nebelwerfer 41 in Feuerstellung. Sie konnten innerhalb von zehn Sekunden sechs Wurfgranaten (je 34,2 kg) bis auf 6900 m Entfernung verschießen.

In den leichten Batterien der Panzerartillerieabteilungen einiger Panzerdivisionen kamen im Kursker Bogen erstmals Panzerhaubitzen II "Wespe" (Sd.Kfz.124) zum Einsatz. Ihre Zahl war im Juli 1943 noch gering; insgesamt wurden in diesem Jahr 518 10,5-cm-Geschütze auf Selbstfahrlafette II ausgeliefert.

Die überhastete Fertigung des Panzerkampfwagen V „Panther" (Sd.Kfz.171) war von zahlreichen Pannen überschattet. Mit Mühe konnten 196 Kampfwagen für die Panzerabteilungen 51 und 52 bereitgestellt werden. Davon sind am zweiten Tag der Schlacht nur noch 38 einsatzbereit gewesen.

War es den deutschen Panzern gelungen, die russischen Infanteriestellungen zu überwinden, stießen sie zunächst auf die Geschütze der Divisionsartillerie. Im Bild eine verlassene russische 122-mm-Divisionshaubitze 1938 auf dem Höhengelände bei Igumenka.

Am 7. Juli 1943 mußte das II. SS-Korps an seiner Ostflanke erneut Gegenangriffe russischer Panzereinheiten abwehren. Dabei konnte dieser englische Infanteriepanzer MK IV "Churchill" IV abgeschossen werden. Er ist im Rahmen des Pacht- und Leihabkommens nach Rußland gekommen.

Als äußerst wirksam und vor allem durch die leichten Fla-Geschütze des Heeres-Fla-Abteilungen nur schwer zu bekämpfen, zeigten sich über den deutschen Linien russische Schlachtflugzeuge vom Typ Il-2. Sie waren gepanzert und verfügten neben Bordwaffen über Raketen, Splitter- und panzerbrechende Bomben PAB.

Heeresgruppe Mitte

Für diesen Tag war der 9. Armee die Unterstützung durch alle verfügbaren Schlacht- und Sturzkampfflieger der Luftwaffe zugesagt. Model ließ die 9. und die 18. Panzerdivision im Brückenkopf Beresowyj Log herauslösen und zur Unterstützung des XXXXVII. Panzerkorps nach Südwesten eindrehen. Damit standen für den Kampf um das Höhengelände von Olchowatka im Abschnitt dieses Korps insgesamt fünf Panzer-, eine Panzergrenadier- und eine Infanteriedivision bereit. Das Tagesergebnis stand allerdings in keinem Verhältnis zu dem betriebenen Aufwand. Es gelang lediglich, die dritte russische Stellung zu durchbrechen. Die Bodengewinne blieben gering. Wiederholt kam es zu heftigen Kämpfen mit russischen Panzern. Der Druck, welcher von der 2. Panzerarmee auf die deutsche Angriffsgruppierung ausging, ließ im Tagesverlauf merklich nach, was auf deren ungewöhnlich hohe Panzerverluste zurückgeführt wurde.
In den anderen Abschnitten verliefen die Kämpfe mit unterschiedlicher Intensität. Das XXIII. Armeekorps war zur Verteidigung übergegangen. Beim XXXXI. Panzerkorps griff die 36. Panzergrenadierdivision in den Kampf ein, die 292. Infanteriedivision erreichte mit Mühe den Nordteil von Ponyri. Hier kam die Schlacht erst um Mitternacht zur Ruhe. Die 31. und die 7. Infanteriedivision (XXXXVI. Panzerkorps) konnten den Wald westlich von Gnilez nehmen, ebenso die südlich davon gelegene Ortschaft Ssoloschonki.
Die Materialabnutzungsschlacht war nun den dritten Tag im Gange. Sie hatte bei der 9. Armee schon 10.000 personelle Ausfälle zur Folge gehabt. Model bat deshalb um die Zuführung von 5000 Mann Ersatz. Weiterhin wurden 100.000 Schuß Munition für Kampfwagen-und Sturmkanonen angefordert. Der ungewöhnlich hohe Verbrauch zeugte von der Härte der Kämpfe.
Rokossowski, Oberbefehlshaber der Zentralfront, zog Kräfte aus der Spitze des Kursker Bogens ab, um die 13. Armee zu verstärken. Außerdem bereitete sich die Front darauf vor, Kursk gegen Angriffe aus südlicher Richtung zu verteidigen. Die 27. Armee aus der strategischen Reserve mußte wegen der im Süden entstandenen kritischen Lage an die Woronesher Front abgegeben werden.

Ein Panzerkampfwagen III (5-cm L/60) (Sd.Kfz.141/1), Ausführung M der Panzerabteilung (FKL) 301. Als taktische Zeichen wurde die Kontur einer Panzerraute mit einer kleineren vollen Panzerraute in der Mitte geführt.

Ein Panzerkampfwagen III (7,5-cm-L/24) (Sd.Kfz. 141/2). Ausführung N, der als Leitpanzer für den unten gezeigten schweren Ladungsträger B-IV (Sd.Kfz. 301) fungierte. Im Kurker Bogen ist der Einsatz der funkgelenkten und mit 500 kg Sprengstoff beladenen Ladungsträgern durch das äußerst starke Feuer der russischen Artillerie behindert worden.

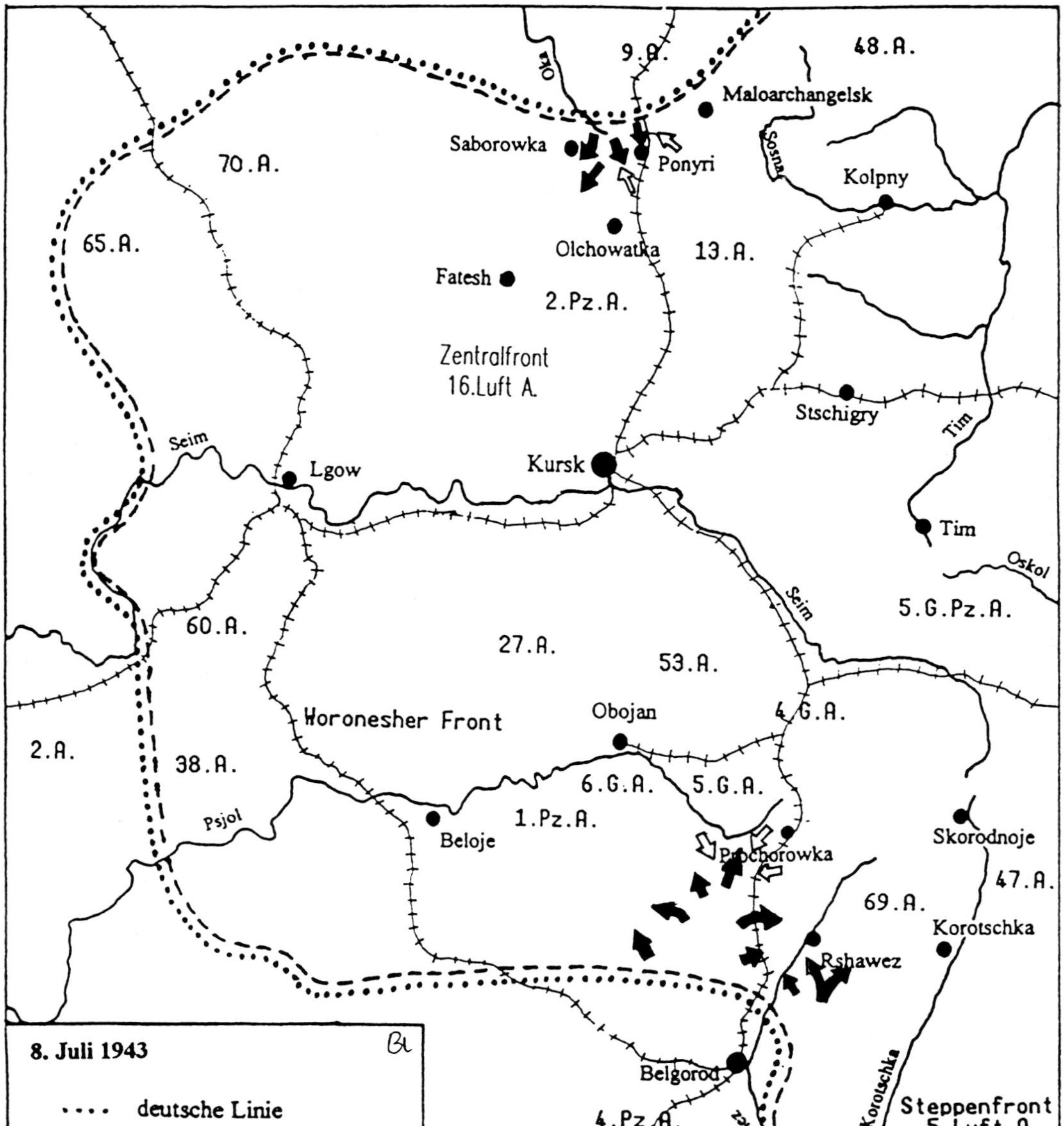

9.A.
48.A.
Oka
Maloarchangelsk
Saborowka
Ponyri
Sosna
Kolpny
70.A.
65.A.
Olchowatka
13.A.
Fatesh
2.Pz.A.
Zentralfront
16.Luft A.
Stschigry
Tim
Seim
Lgow
Kursk
Tim
Oskol
Seim
5.G.Pz.A.
60.A.
27.A.
53.A.
Woronesher Front
Obojan
4.G.A.
2.A.
38.A.
6.G.A.
5.G.A.
Psjol
Beloje
1.Pz.A.
Skorodnoje
Prochorowka
47.A.
69.A.
Korotschka
Rshawez
8. Juli 1943
deutsche Linie
russische Linie
deutscher Vorstoß
russischer Vorstoß
Belgorod
Korotschka
Steppenfront
5.Luft A.
4.Pz.A.
Nord Donez
Solotschew
Armeeabt.
Kempf
Woltschansk

8. Juli 1943

Heeresgruppe Süd

In den Morgenstunden trat das XXXXVIII. Panzerkorps mit drei Divisionen, unterstützt von starken Luftwaffenkräften, zum Angriff an. Der Kampf wogte bis zum Abend hin und her. Zahlreiche Panzergegenstöße waren abzuwehren. Schließlich konnte die starke russische Abwehr vor dem Korps überwunden werden. Ssyrzewo wurde erobert. Das befohlene Tagesziel erreichte das Korps nicht.
Erfolgreicher verlief die Schlacht beim II. SS-Panzerkorps. Im harten Kampf wurde Wesselyj genommen, die Höhen drei Kilometer nördlich des Psjol-Bogen konnten ebenfalls erobert werden. Im Tagesverlauf mußte das Korps wiederholte Massenangriffe russischer Panzer abwehren, die aus Osten, Nordosten und Nordwesten gegen die Spitze des deutschen Angriffskeil vorgingen. Viele Panzer wurden von den Panzergrenadieren im Nahkampf vernichtet, andere waren bis zu den Artilleriestellungen durchgebrochen, wo die Artilleristen ihre Geschütze im direkten Richten einsetzten. Recht erfolgreich operierte an diesem Tag auch die IV./Schlachtfliegergeschwader 9, deren 68 Hs-129 sehr wirkungsvoll gegen die russischen Panzer zum Einsatz kamen (50 Abschüsse). Am Abend gelang es dem SS-Panzerregiment »Das Reich« noch mit Erfolg gegen Flanken und Rücken einer im Anmarsch befindlichen, zirka 100 Panzer starken Gruppierung vorzugehen. Auf einen weiteren Vorstoß verzichtete man; die eigenen Kräfte waren zu erschöpft.
Nachdem die 4. Panzerarmee den zweiten Verteidigungsstreifen überwunden hatte, war sie an diesem Tag im Kampf mit den operativen Reserven der Woronesher Front gebunden. Der Bodengewinn blieb demzufolge gering. Watutin dagegen gewann die dringend erforderliche Zeit zur Heranführung weiterer Reserven, darunter vor allem von Artillerie- und Panzerabwehrregimentern. Die 5. Gardepanzerarmee befand sich auf dem Marsch und sollte bis zum 11. Juli die Linie Obojan - Prochorowka erreichen. Bei der Armeeabteilung Kempf mußten die 106. Infanteriedivision und die 7. Panzerdivision wegen der überdehnten Flanken zur Verteidigung übergehen. Die 168. Infanteriedivision und die 6. Panzerdivision griffen in nördlicher Richtung an. Beim Angriff auf Melechowo traf das Panzerregiment 11, verstärkt durch Kräfte der 19. Panzerdivision, kurz vor dem Ort auf einen Panzergraben, dessen Überwindung Zeit kostete. Am Nachmittag kam der Angriff gut vorwärts, die Straße Bjelgorod - Korotscha konnte gesperrt werden. Generalfeldmarschall Erich von Manstein entschied, daß das III. Panzerkorps erst die Zuführung der 198. Infanteriedivision abwarten sollte, um dann den Feind an der linken Flanke nordostwärts Bjelgorod zu vernichten. Anschließend war der Angriff wieder in nördlicher Richtung fortzusetzen.

Am 8. Juli 1943 wurde die Spitze des II. SS-Panzerkorps am Psjol-Bogen wiederholt von russischen Panzern angegriffen. Fette schwarze Rauchwolken markierten das Schlachtfeld der Panzer nach dem Kampf.

Kampfwagen der 6. und 19. Panzerdivision trafen bei ihrem Angriff in nördliche Richtung kurz vor dem Ort Melechowo auf einen Panzergraben. Seine Überwindung kostete wertvolle Zeit, die auf russischer Seite zur Verstärkung der Verteidigung genutzt wurde.

Heftige Gegenangriffe russischer Panzer beim II. SS-Panzerkorps brachten auch die Grenadiere in Bedrängnis. Teilweise konnten die Kampfwagen im Nahkampf vernichtet werden. Hier warten die Soldaten im Schutz eines Getreidefeldes auf das Signal zum weiteren Angriff.

Am Nachmittag des 8. Juli ist die Schlacht noch im vollen Gange. Deutsches Artilleriefeuer auf die im Anmarsch befindlichen russischen Panzerspitzen.

Eine Batterie Panzerhaubitzen II "Wespe" (Sd.Kfz.124) ist den Kampfwagen gefolgt. Ihr Feuer leitet ein Artilleriebeobachter, der im Panzerbeobachtungswagen vorn mitfährt.

Die auf russischer Seite angegebenen Zahlen für Abschüsse schwerer "Tiger"-Panzer überragen die Zahl der tatsächlichen vorhandenen Panzerkampfwagen dieses Typs bei weitem. Beispielsweise verlor die schwere Panzerabteilung 503 zwischen dem 5. und dem 10. Juli nur zwei "Tiger".

Besondere Anforderungen ergaben sich aus der seit Tagen tobenden Materialschlacht an die Nachschubdienste der Divisionen sowie der höheren Truppenführung. Es war nicht einfach, Munition, Treibstoff und Verpflegung nach vorn zu bringen.

Heeresgruppe Mitte

Das XXIII. Armeekorps und das XXXI. Panzerkorps verteidigten die erreichte Linie, bis auf den rechten Flügel, der den Angriff des benachbarten XXXXVII. Panzerkorps bei Ponyri unterstützte.
Auch an diesem Tag lag der Angriffsschwerpunkt wieder beim XXXXVII. Panzerkorps, das unter scharfer Zusammenfassung der Panzerkräfte von drei Panzerdivisionen aus dem Brückenkopf bei Ssamodurowka ausbrechen sollte. Das Ziel war die Höhenlinie südostwärts von Olchowatka. Den Angriff eröffneten Sturzkampfbomber und Schlachtflieger in den frühen Morgenstunden. Die aus den Panzerabteilungen der 2. und der 4. Panzerdivision gebildete Panzerbrigade begann den Angriff 8.20 Uhr, wich aber von befohlenen Angriffszielen ab und nahm die Höhen südlich Ssamodurowka, stieß weiter bis zur Höhe 271 bei Olchowatka vor. Dabei hatte die Panzerbrigade bis zum Mittag schwere Kämpfe mit russischen Panzern zu bestehen. Diese wichen schließlich aus und ließen die deutschen Kampfwagen auf gut getarnte Pak-Stellungen auflaufen. Die Höhe wechselte mehrmals die Besitzer, zum Schluß blieben die Deutschen am Hang liegen. Am Nachmittag, gegen 14.00 Uhr griffen die 31. Infanteriedivision und die 20. Panzerdivision nochmals Ssamodurowka an. Es gelang, den Ort zu nehmen. Fortschritte ließen sich allerdings nicht mehr erzielen.
Weitere Angriffe hatte es an diesem Tag beim XXXXVI. Panzerkorps, am rechten Flügel der 9. Armee gegeben. Hier griff die 31. Infanteriedivision bis zum Sswapa-Bach an, um den Flankenschutz für das XXXXVII. Panzerkorps zu verbessern.
In den Abendstunden zeichnete sich für die Führung der 9. Armee ganz klar ab, daß der Durchbruch nach Süden wiederum nicht gelungen war. Die Zentralfront hatte den starken deutschen Angriff erneut aufgefangen, obwohl die Angriffsbreite nur noch 2000 m betrug. An diesem Tag war man 500 - 1000 m vorwärts gekommen. Model befahl das Aussetzen des Angriffs bis zum 10. Juli. Mit den vorhandenen Kräften war der entscheidende Höhenzug südwestlich von Olchowatka nicht zu nehmen. Die Verbände sollten umgruppiert werden, gleichfalls wollte man das Angriffsverfahren ändern. Auf russischer Seite registrierte man das Nachlassen des Drucks der deutschen Angriffsgruppierung. Die Krise, so schien es, war überwunden.

Diese russische 76,2-mm-Divisionskanone 42 (ZIS-3) wurde beim Stellungswechsel vom Feuer deutscher Kampfwagen erfaßt und vernichtet. Das vielseitig verwendbare Geschütz war neben der 122-mm-Haubitze Hauptwaffe der Artillerie in den Schützendivisionen. 20 Kanonen gab es je Verband.

Eine deutsche Nachschubkolonne passiert die Überreste einer russischen Haubitzbatterie. Bis zuletzt feuernd sind die Kanoniere an ihren Geschützen gefallen.

Rechts: Bei der deutschen Angriffsgruppierung im Norden des Kursker Bogen erlahmten schon am 8. Juli 1943 die Kräfte. Die Infanterie begann sich einzugraben, um so der Wirkung des russischen Artilleriefeuers zu entgehen.

Kampfwagen der 20. Panzerdivision vor dem Angriff auf Ssamodurowka am zeitigen Nachmittag des 8. Juli 1943.

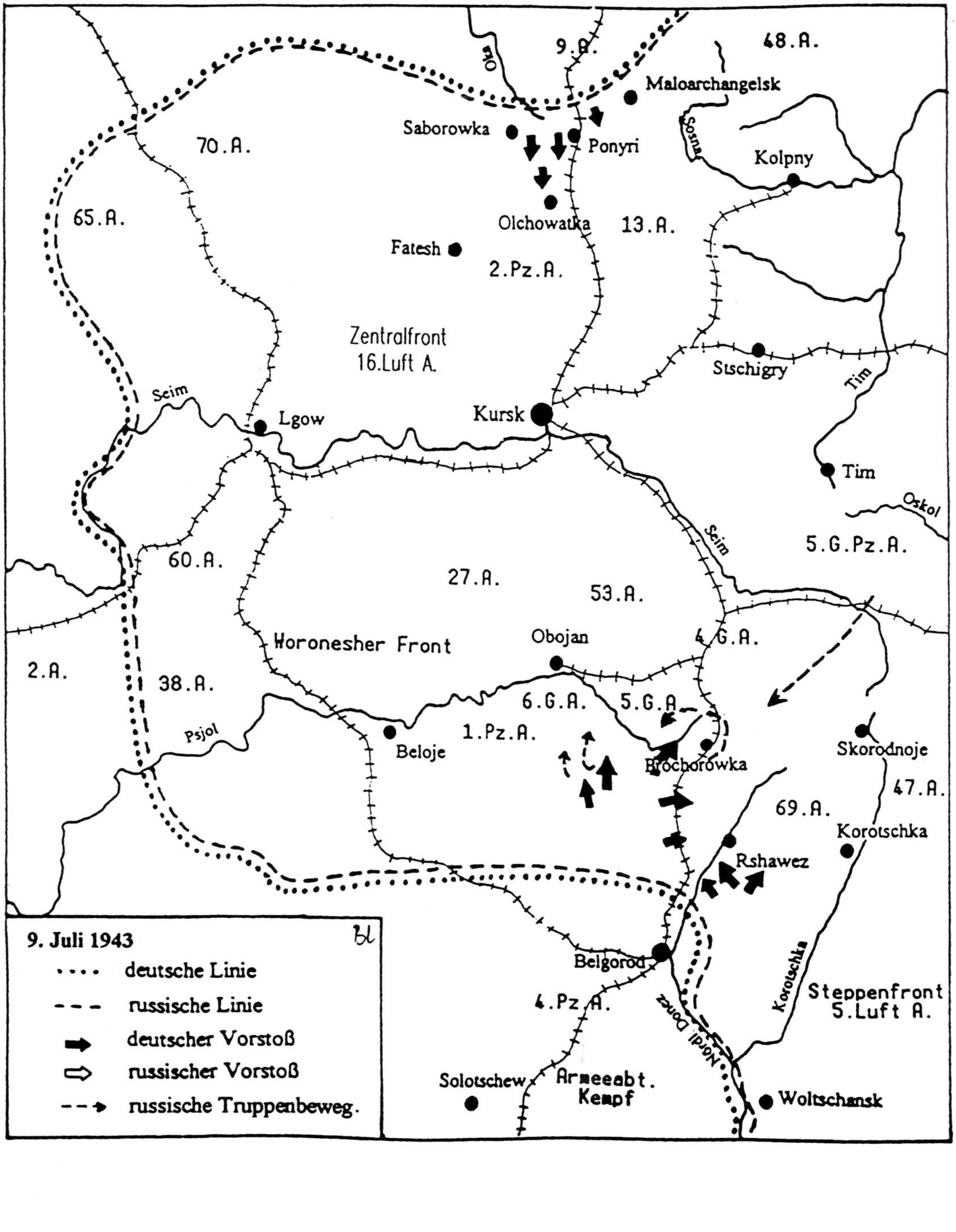
9.A.
48.A.
Oka
Maloarchangelsk
Saborowka
Ponyri
Sosna
Kolpny
70.A.
65.A.
Olchowatka
13.A.
Fatesh
2.Pz.A.
Zentralfront
16.Luft A.
Stschigry
Tim
Seim
Lgow
Kursk
Tim
Oskol
Seim
5.G.Pz.A.
60.A.
27.A.
53.A.
Woronesher Front
Obojan
4.G.A.
2.A.
38.A.
6.G.A.
5.G.A.
Psjol
Beloje
1.Pz.A.
Prochorowka
Skorodnoje
47.A.
69.A.
Korotschka
Rshawez
9. Juli 1943
deutsche Linie
russische Linie
deutscher Vorstoß
russischer Vorstoß
russische Truppenbeweg.
Belgorod
4.Pz.A.
Nördl. Donez
Korotschka
Steppenfront
5.Luft A.
Solotschew
Armeeabt.
Kempf
Woltschansk

9. Juli 1943

Heeresgruppe Süd

Erneut drängte die Heeresgruppe darauf, den russischen Frontvorsprung beiderseits des Donez zu beseitigen. Er bedrohte beide Armeen, die 4. Panzerarmee und Armeegruppe Kempf, in der Flanke.
Beim XXXXVIII. Panzerkorps gelang es, der 11. Panzerdivision Pokrawskij zu nehmen und damit den Angriff weiter nach Norden voranzubringen. Auch das neun Kilometer entfernte Höhengelände wurde erreicht. Von hier aus konnte man über das Psjol-Tal bis zum 18 Kilometer entfernten Obojan sehen.
Die Panzergrenadierdivision »Großdeutschland« nahm Nowesselowka und drehte von hier, wie befohlen nach Südwesten auf Beresowka ein. Auf russischer Seite konnten erste Absatzbewegungen beobachtet werden; das 3. mechanisierte und das 6. Panzerkorps hatten schwere Verluste erlitten und waren stark angeschlagen. Das 6. Panzerkorps sollte nun vom XXXXVIII. Panzerkorps durch Umfassung gänzlich vernichtet werden.
Weiter östlich erneuerte das II. SS-Panzerkorps den Angriff nach Nordosten und schlug die südwestlich von Prochorowka stehenden russischen Verbänden zurück.

Feldmarschall Erich von Manstein äußerte sich am Abend besorgt über den zähen russischen Widerstand, der alle Pläne über den Haufen warf. Um den Durchbruch zu erzwingen, mußten zunächst die erkannten, im Anmarsch befindlichen russischen Panzerkräfte vernichtet werden. Eine Entscheidungsschlacht wurde im Raum Prochorowka erwartet. Im Gebiet um Charkow sind an diesem Tag die Reserven der Heeresgruppe, das XXIV. Panzerkorps mit der 23. Panzerdivision und der 5. SS-Panzergrenadierdivision »Wiking«, versammelt worden. Auch auf russischer Seite erkannte man, daß der Höhepunkt der laufenden Schlacht bevorstand. Generaloberst Watutin verlegte das 5. Gardepanzerkorps von der Ostflanke des II. SS-Panzerkorps in den Raum südlich von Obojan. Mit Ungeduld beobachtete man den im Gang befindlichen Anmarsch der 5. Gardepanzerarmee vom Oskol.
Bei der Armeegruppe Kempf verbesserte das III. Panzerkorps seine Stellungen an der Straße nach Korotscha. Die 6. Panzerdivision griff im Norden, die 19. Panzerdivision südwestlich davon nach Westen, in das Tal des nördlichen Donez an. Ziel war, die zwischen der Armeegruppe und der 4. Panzerarmee stehenden russischen Kräfte abzuschnüren und die wiederholte Forderung nach Beseitigung der gefährlichen Flankenbedrohung zu erfüllen.

Am 9. Juli 1943 begann sich die Möglichkeit eines deutschen Durchbruchs auf Prochowka deutlich abzuzeichnen. Die russischen Verbände erlitten beträchtliche Verluste. Im Bild eine erbeutete 76,2-mm-Divisionskanone 39.

Die Zahl der gefangenen Rotarmisten hielt sich in Grenzen und war nicht mit denen der Jahre 1941 und 1942 vergleichbar.

Neben dem zähen russischen Widerstand, der Ungunst des Geländes, waren es immer wieder zahlreiche Gewittergüsse, die den Angriffsschwung der deutschen Verbände bremsten. Hier wartete der Fahrer eines kleinen Funkbetriebswagen (Kfz. 17) auf Bergemittel.

Ein "Tiger" der 1. SS-Panzergrenadierdivision "Leibstandarte Adolf Hitler" auf der Fahrt zur Versorgungsstaffel. Der Verbrauch, insbesondere an panzerbrechender Munition war außerordentlich hoch.

Panzerkampfwagen IV (7,5-cm-L/48) (Sd.Kfz.161/2), Ausführung H des SS-Panzerregiment 1. Diese Ausführung des Panzer IV war ab März 1943 hergestellt worden. Zum Beginn der Kursker Schlacht sind diese Kampfwagen fabrikneu gewesen.

Panzeraufklärer mit ihrem leichten Schützenpanzerwagen D 7 p (Sd. Kfz. 250) auf dem Gefechtsfeld. Da es im Verlauf der Schlacht nur wenige Aufklärungsvorstöße gab - dazu waren die Panzeraufklärungsabteilungen angesichts der Stärke des Gegners zu schwach - erfüllten sie Aufgaben im Sinne der Panzergrenadiere.

Immer wieder an Brennpunkten des Kampfes anzutreffen - der Panzerkampfwagen VI "Tiger" (Sd. Kfz. 181). Seine bis zu 110 mm starke Frontpanzerung machte ihn unempfindlich gegen den Beschuß der russischen 76,2-mm-Kampfwagenkanone, mit der T-34 und KW bestückt waren. Andererseits konnte mit der 8,8-cm-Kanone der Kampf gegen die russischen Panzer bereits ab 1500 m Entfernung mit Aussicht auf Erfolg geführt werden.

Heeresgruppe Mitte

Generaloberst Walter Model führte am Morgen eine Besprechung durch, auf der nach Auswegen aus der festgefahrenen Situation gesucht wurde. Um beim XXXXVII. Panzerkorps für die Weiterführung des Angriffs die erforderliche Massierung zu erreichen, sollten in dessen Abschnitt die 20., 4., 2. und 9. Panzerdivision sowie die 6. Infanteriedivision konzentriert werden. Der Oberbefehlshaber der 9. Armee forderte als Vorbereitung für den Angriff am folgenden Tag, die Stellungen beim XXXXI. Panzerkorps angriffsweise bis zur Straße Ponyri - Beresowyj zu verbessern. Dazu sollte die schwache 18. Panzerdivision Ponyri II nehmen, um von dort aus das Höhengelände von Olchowatka erobern zu können. Die Division gewann bereits am Vormittag gegen eine starke Abwehr und unter heftigen russischen Luftangriffen langsam an Boden. Allerdings fehlte den Panzergrenadieren die Unterstützung der Panzer, die aber durch den Zusammenbruch einer Kriegsbrücke aufgehalten worden sind. Der Angriff wurde abends eingestellt, ohne das Ziel erreicht zu haben. Ein parallel geführter Angriff der 292. Infanteriedivision blieb bereits nach 500 m im heftigen russischen Abwehrfeuer liegen.

Um 14.00 Uhr hatte auf dem Gefechtsstand des XXXXVII. Panzerkorps erneut eine Lagebesprechung stattgefunden, bei der neben Generaloberst Model auch der Oberbefehlshaber der Heeresgruppe Mitte, Generalfeldmarschall Günter von Kluge anwesend war. Ab sofort sollte das Angriffsverfahren der Panzerverbände der hartnäckigen russischen Verteidigung besser angepaßt werden. Panzer wollte Model nur nach engster Verbindung mit den Panzergrenadieren handeln lassen. Die Angriffe sollten nun sorgfältiger vorbereitet, nur kurze Angriffsziele gesteckt und die eingenommene Linie schnell zur Verteidigung eingerichtet werden. Bei dem so zu erwartenden langsamen Fortschreiten des Angriffs rechnete man damit, die russischen Stellungen in vier bis fünf Tagen überwinden zu können. Von Kluge teilte Models Auffassung. Es käme darauf an, in der Schlacht möglichst viele gegnerische Reserven auszuschalten.

Am Nachmittag zog man noch die 10. Panzergrenadierdivision nach vorn. Heftige russische Luftangriffe verzögerten das Manöver.

Panzerkampfwagen IV des Panzerregiments 3 (2. Panzerdivision) stellen sich für einen erneuten Angriff bereit.

Festgefahrener schwerer Zugkraftwagen 18 t Famo F 3 (Sd.Kfz.9) eines Bergungstrupps aus dem Panzerregiment 3. Auf dem Kotflügel gut erkennbar das zum Zeitpunkt der Kursker Schlacht geführte Truppenkennzeichen des Regiments.

In einem Erfahrungsbericht des schweren Panzerjägerregiment 656 heißt es über den Einsatz der Sturmpanzer: "Die Sturmpanzerabteilung hat auch im kühnen Vorstoß 5 km vor der Infanterie die dritte Stellung der Russen durchstoßen. Dieser Erfolg mußte aufgegeben werden, da aus der Tiefe keine Panzerreserven nachgeführt werden konnten und die Infanterie nicht mehr die Kraft hatte zu folgen". Durch russische Minen sind zeitweise 17 Sturmpanzer IV ausgefallen.

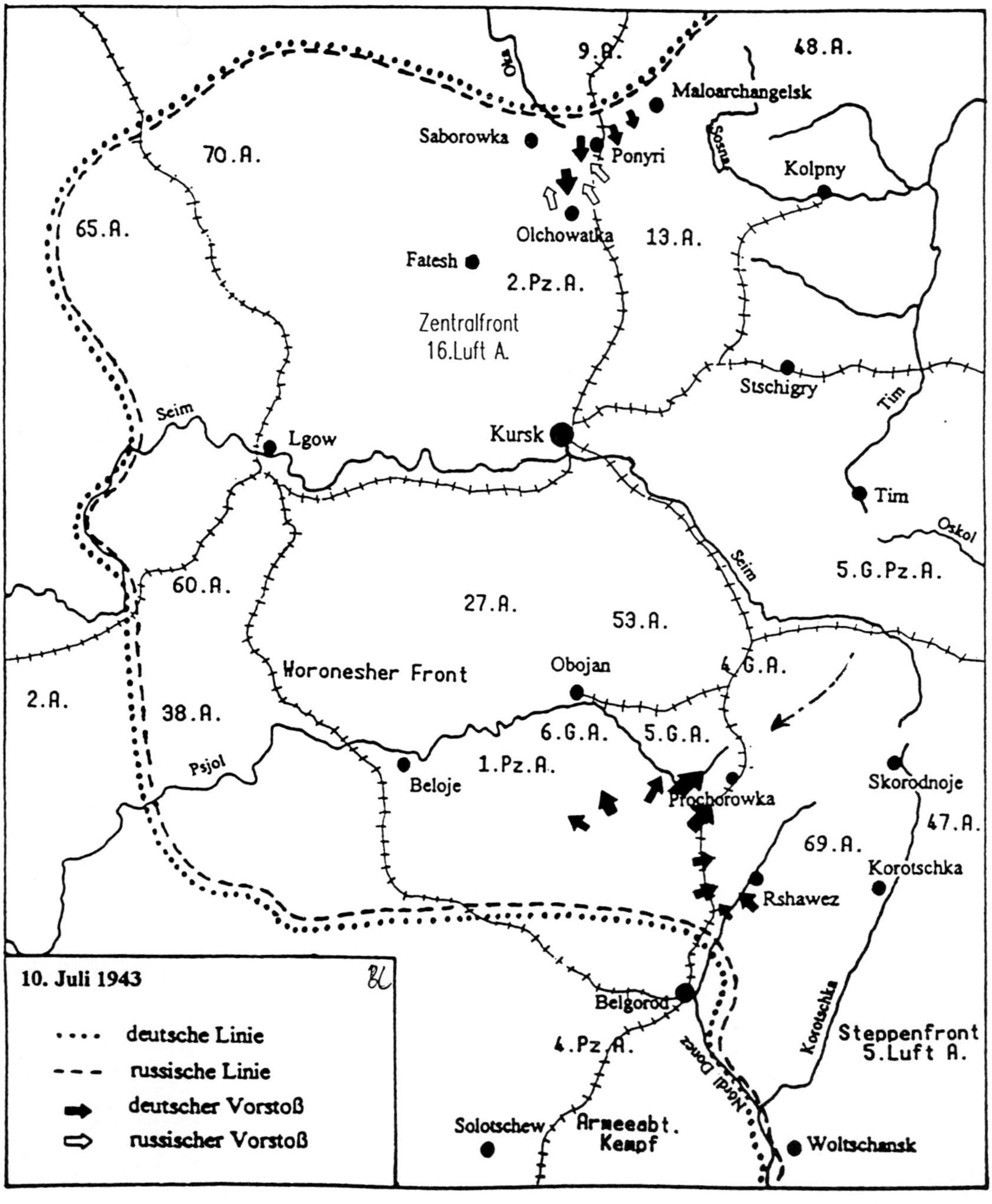
9.A.
48.A.
Maloarchangelsk
Saborowka
Ponyri
Kolpny
70.A.
65.A.
Olchowatka
13.A.
Fatesh
2.Pz.A.
Zentralfront
16.Luft A.
Stschigry
Tim
Seim
Lgow
Kursk
Tim
Oskol
Seim
5.G.Pz.A.
60.A.
27.A.
53.A.
Woronesher Front
Obojan
4.G.A.
2.A.
38.A.
6.G.A.
5.G.A.
Psjol
Beloje
1.Pz.A.
Prochorowka
Skorodnoje
47.A.
69.A.
Korotschka
Rshawez
10. Juli 1943
deutsche Linie
russische Linie
deutscher Vorstoß
russischer Vorstoß
Belgorod
4.Pz.A.
Nord Donez
Korotschka
Steppenfront
5.Luft A.
Solotschew
Armeeabt.
Kempf
Woltschansk

10. Juli 1943

Heeresgruppe Süd

Die Bereitstellung der Panzerverbände bereitete wegen der durch Wolkenbrüche aufgeweichten Straßen und Wege insbesondere beim II. SS-Panzerkorps einige Schwierigkeiten. In der Nacht war ein Stoßtruppunternehmen bei der 3. SS-Panzergrenadierdivision »Totenkopf« gescheitert, dessen Ziel die Wegnahme der wichtigen Höhe 226,6 gewesen ist. Eine als wichtig angesehene Voraussetzung für den Vorstoß in den südlichen Psjol-Bogen.

10.00 Uhr traten die »Leibstandarte« und die »Totenkopf«-Division des II. SS-Panzerkorps, unterstützt von Artillerie, Nebelwerfern, Sturzkampf- und Schlachtfliegern zum Angriff an. Nach wechselvollen Kämpfen gelang es bis zum Abend, auf dem nördlichen Ufer des Psjol einen kleinen Brückenkopf zwischen Krassnyj Oktjabr und Koslowka zu festigen. Heftige Angriffe führte die 1. SS-Panzergrenadierdivision »Leibstandarte SS Adolf Hitler« auch in Richtung Prochorowka. Sie erreichte die Eisenbahnlinie sowie eine beherrschende Höhe. Bei der 2. SS-Panzergrenadierdivision »Das Reich« übernahm die 167. Infanteriedivision deren rechten Flügel, so daß endlich eine Verschiebung nach links durchgeführt und der Anschluß zur 11. Panzerdivision des XXXXVIII. Panzerkorps hergestellt werden konnte. Im Abschnitt des II. SS-Panzerkorps wurden in der Nacht die Kriegsbrücken über den Psjol verstärkt. Damit waren alle Voraussetzungen für den geplanten Angriff nach Nordwesten geschaffen. Der von Prochorowka ausgehende breite Höhenstreifen bot außerordentlich günstige Voraussetzungen für den Angriff großer Panzerverbände. Beim Festhalten an einer weiter westlich gelegenen Angriffsrichtung, entlang der Autobahn Simferopol -Moskau hätte die versumpfte Flußniederung ein ernstes Hindernis dargestellt.

Das XXXXVIII. Panzerkorps sicherte mit der 11. Panzerdivision seine Nordflanke. Die Panzergrenadierdivision setzten ihren Vorstoß gegen das 6. russische Panzerkorps westlich der Pena fort. Nach langwierigen Panzergefechten konnten nachmittags Bodengewinne erzielt werden. Die Kämpfe hielten am Abend noch an, 7000 Gefangene wurden eingebracht.

Bei der Armeeabteilung Kempf setzten die 168. Infanteriedivision und die 19. Panzerdivision ihre Angriffe gegen den russischen Frontvorsprung beiderseits des nördlichen Donez fort. Die 81. und 91. Gardeschützendivision wurden zerschlagen. Die 6. Panzerdivision stieß dagegen weiter nach Nordosten vor. Ziel war die Ortschaft Komintern.

Die russischen Kräfte vor der deutschen Angriffsfront verstärkten sich zunehmend; in die Verteidigungsfront wurden die 93. Gardeschützendivision (westlich Prochorowka) und die 184. Schützendivision (in den Pena-Bogen) eingeschoben. In wenigen Tagen mußte die 5. Gardepanzerarmee auf dem Schlachtfeld erscheinen. Generaloberst Watutin faßte in der Nacht den Entschluß, am 12. Juli zum Gegenangriff anzutreten und die 4. Panzerarmee einzukesseln.

Grenadiere und Panzerjäger der Waffen-SS in Bereitstellung.

Ein Lastkraftwagen 4,5 t Citroen Typ 45 hat sich nach einem Gewitterregen in einem Wasserloch festgefahren. Mit Hilfe eines vorgespannten leichten Zugkraftwagen 3 t Hlkl 6 (Sd.Kfz.11) und eines "Stalinez"-Kettenschleppers soll er wieder flott gemacht werden.

Hier dient ein Sturmgeschütz III (7,5-cm-L/48) (Sd. Kfz. 142/1), Ausführung G als Vorspann für einen schweren Zugkraftwagen 18 t Famo F 3 (Sd.Kfz.9). Am Morgen des 10. Juli 1943 ist die Bereitstellung der Panzerverbände durch die infolge heftiger Wolkenbrüche aufgeweichten Wege und Straßen behindert worden.

Ein zum Panzerbefehlswagen umgebauter Panzerkampfwagen III (5-cm-L/42) (Sd.Kfz.141), Ausführung H durchfurtet einen Nebenfluß des nördlichen Donez. Das Fahrzeug gehört zum Stab einer Panzerabteilung und wurde an Wanne und Turm mit Panzerschürzen nachgerüstet.

Panzerkampfwagen haben diese 45-mm-Panzerabwehrkanone 37 der Panzerjägerabteilung einer russischen Schützendivision überrollt. Das Geschütz war 1943 veraltet; seine Leistungen (35 mm Panzerstahl konnten auf 500 m durchschlagen werden) reichten nicht mehr aus.

Links: Ein Munitionskanonier beim Zurückbringen leerer Munitionskörbe, die gesammelt und zur Wiederverwendung in die Heimat abgeschoben werden mußten. Der Munitionsverbrauch während der Kursker Schlacht war enorm.

Nachschubkolonnen und Grenadiere beim Marsch durch ein noch nicht geräumtes russisches Minenfeld, das von den Pionieren durch Pfähle und Bänder gekennzeichnet worden ist.

Heeresgruppe Mitte

Die Schlacht entbrannte in den frühen Morgenstunden schon mit aller Heftigkeit. Zunächst mußten beim XXIII. Armeekorps und beim XXXXI. Panzerkorps russische Angriffe abgewehrt werden, die mit Artillerie- und Fliegerunterstützung vorgetragen wurden. Erstmals traten russische Luftlandeeinheiten vor der deutschen Front auf.
Das XXXXVII. Panzerkorps griff wiederum die Höhenstufe von Olchowatka an. Erneut begannen erbitterte Kämpfe, Angriffe und Gegenangriffe lösten sich ab. Das Korps gewann trotzdem den Westrand von Ssamodurowka, sowie das Höhengelände südwestlich von Teploje: Der Kommandierende General des XXXXVII. Panzerkorps, General der Panzertruppen Joachim Lemelsen, lehnte wegen des Zustandes seiner abgekämpften Verbände eine Wiederaufnahme des Angriffs für den nächsten Tag ab. Model wies das in scharfer Form zurück.
Beim XXXXVI. Panzerkorps, wo die 258. und die 7. Infanteriedivision angriffen, konnten nur geringe Geländegewinne erreicht werden. Fazit des Tages bei der 9. Armee. Der Durchbruch war wiederum nicht gelungen. Reserven standen kaum noch zur Verfügung.

Beim XLVII. Panzerkorps erreichte der Kampf am 10. Juli 1943 noch einmal einen Höhepunkt. Das hart umkämpfte Ssamodurowka konnte auch an diesem Tag nicht erobert werden.

Im Bereitstellungsraum der 2. Panzerdivision. Dabei ein "Tiger"-Panzer der Heeresabteilung 505. Die Abteilung war am 9. Juli 1943 als Korpsreserve des XLVII. Panzerkorps aus dem Einsatz genommen worden. In der Panzerwerkstatt mußten zahlreiche, mit Beschußschäden ausgefallene Kampfwagen instandgesetzt werden.

Heckansicht eines Panzerkampfwagen III der Ausführung M oder N. Der Anteil an Panzerkampfwagen dieses Typs am Gesamtbestand der Panzerregimenter lag im Juli 1943 noch bei 40 bis 50 %. Darunter befanden sich auch Fahrzeuge mit der kurzen 5-cm-Kanone.

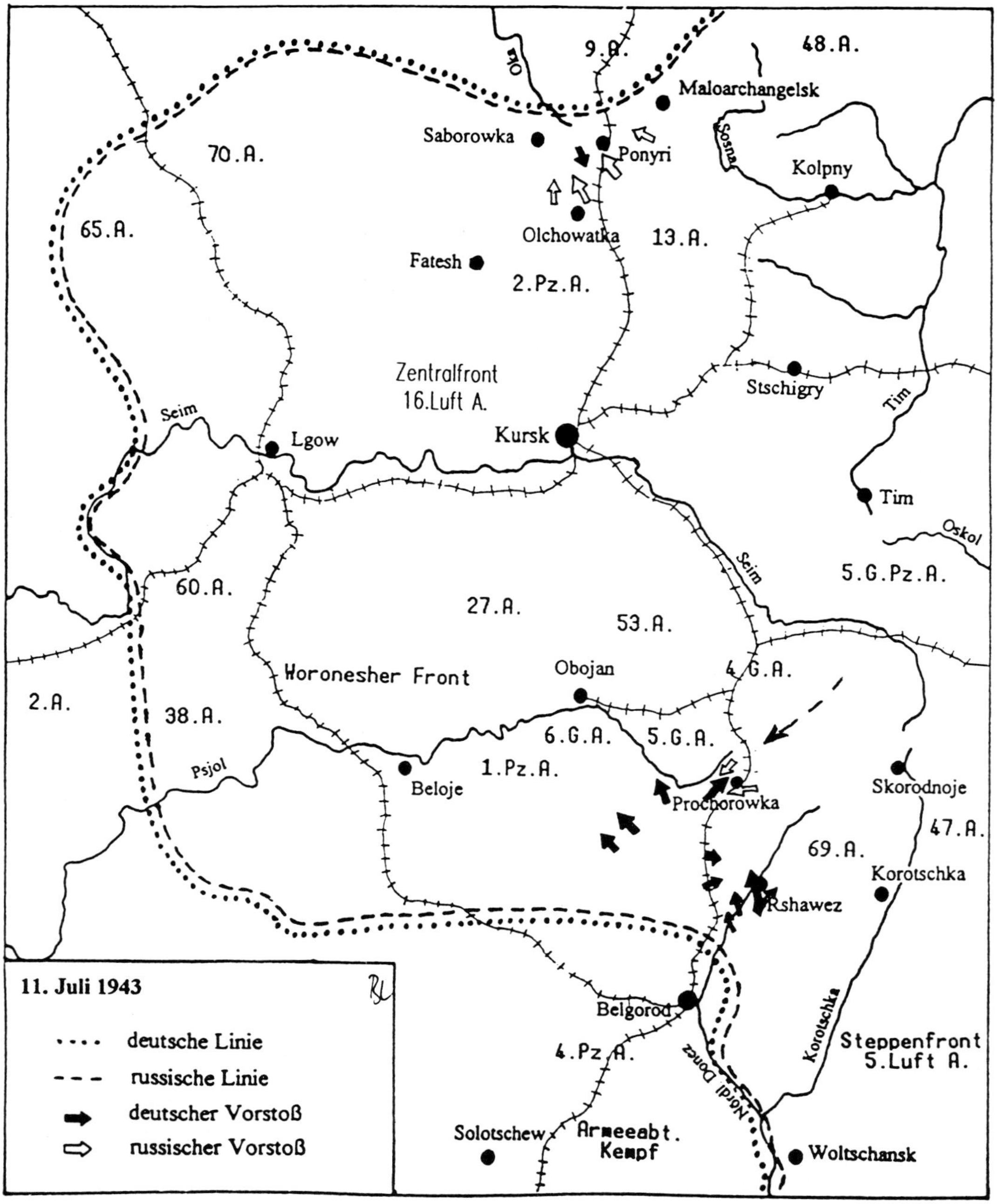

9.A.
48.A.
Orl
Maloarchangelsk
Saborowka
Ponyri
70.A.
Sosna
Kolpny
65.A.
Olchowatka
13.A.
Fatesh
2.Pz.A.
Zentralfront
16.Luft A.
Stschigry
Tim
Seim
Lgow
Kursk
Tim
Oskol
Seim
5.G.Pz.A.
60.A.
27.A.
53.A.
Woronesher Front
Obojan
4.G.A.
2.A.
38.A.
6.G.A.
5.G.A.
Psjol
Beloje
1.Pz.A.
Prochorowka
Skorodnoje
47.A.
69.A.
Korotschka
Rshawez
11. Juli 1943
deutsche Linie
russische Linie
deutscher Vorstoß
russischer Vorstoß
Belgorod
4.Pz.A.
Korotschka
Steppenfront
5.Luft A.
Nördl. Donez
Solotschew
Armeeabt. Kempf
Woltschansk

11. Juli 1943

Heeresgruppe Süd

An diesem Tag regnete es stark. Am Morgen war der Oberbefehlshaber der Heeresgruppe, Feldmarschall Erich von Manstein mit den Oberbefehlshabern der beiden Angriffsarmeen auf dem Gefechtsstand des Generals der Panzertruppen, Werner Kempf zusammengetroffen. Die Aussichten für ein weiteres erfolgreiches Vorgehen wurden insgesamt positiv eingeschätzt, ein Durchbruch der russischen Verteidigung stand, so meinte man, kurz bevor.

Trotz des starken Regens säuberten das XXXXVIII. Panzerkorps den Pena-Bogen im Raum Beresowka. Tausende Gefangene wurden eingebracht, 1300 tote Rotarmisten und 170 abgeschossene Panzer gezählt. Groß war die Beute an Geschützen und Granatwerfern. Rückschläge dämpften den Optimismus. Die 11. Panzerdivision wurde überraschend angegriffen und verlor eine Höhe nördlich Kotschetowka. Beim LII. Armeekorps ging die 332. Infanterie über die Pena und nahm Rakowo.

Beim II. SS-Panzerkorps verzögerte sich der Angriffsbeginn wegen des regnerischen Wetters. So kam die 3. SS-Panzergrenadierdivision »Totenkopf« zunächst nicht über den Psjol; das schwere Brückengerät hatte sich festgefahren. Als 14.20 Uhr zwei Brücken fertig waren, verhinderten die aufgeweichten Uferränder das Übersetzen der schweren Waffen und Fahrzeuge. So kam der Angriff der »Totenkopf«-Division erst am Nachmittag wieder in Gang.

Auf dem rechten Flügel setzten die beiden anderen Divisionen des II. SS-Panzerkorps gegen 9.30 Uhr ihre Angriffe auf einer acht Kilometer breiten Front in Richtung Prochorowka fort. Die russischen Verbände, die sich bereits auf die für den 12. Juli geplante Gegenoffensive vorbereiteten, wurden erneut in schwere Verteidigungskämpfe verwickelt. Gegen Mittag durchbrachen etwa 100 deutsche Panzer einen schmalen Abschnitt der Verteidigung und stießen längs der Chaussee nach Prochorowka vor. Zwischen 13.30 und 14.00 Uhr flog die Luftwaffe einen massierten Angriff auf den Raum südwestlich von Prochorowka. Gleichzeitig stießen die Panzer des II. SS-Panzerkorps auf Wassiljewka, Storoshewoje und Winogradowka vor. Wassiljewka wurde gegen 17.00 Uhr erobert. Gegenangriffe der 26. und 169. russischen Panzerbrigade hielten den deutschen Angriffskeil auf der Höhe des Sowchos »Otkjabrski« nur kurze Zeit auf. Sie liefen Gefahr, von der 3. SS-Panzergrenadierdivision »Totenkopf«, deren Angriff auf Prelestnoje Raum gewann, abgeschnitten zu werden. Der Rückzug blieb ihr einziger Ausweg. Abends gelang es dann einer deutschen Panzergruppe, in Storoshewoje einzubrechen, womit das rückwärtige Gebiet der 5. Gardepanzerarmee gefährdet war. Watutin befahl dem 2. Gardepanzerkorps mit zwei Brigaden einen Gegenangriff in Richtung Storoshewoje - Prochorowka. 20.30 Uhr griffen die 25. und 25. Gardepanzerbrigade an. Obwohl die Begegnungsgefechte bis tief in die Nacht anhielten, war den russischen Panzersoldaten der Erfolg versagt. Damit verblieb das Vorgelände von Prochorowka in deutscher Hand.

Am Nachmittag des 11. Juli 1943 flog die Luftwaffe massierte Angriffe auf den Raum südwestlich Prochorowka, um den Angriff des II. SS-Panzerkorps zu unterstützen. Im Bild russische Reserven im deutschen Bombenhagel.

Panzer und Sturmgeschütze des II. SS-Panzerkorps werden am Abend des 11. Juli 1943 umgruppiert und für die Entscheidungsschlacht am kommenden Tag bereitgestellt. Angriffe zweier Gardepanzerbrigaden des 2. Gardepanzerkorps, welche dieses Manöver stören sollen, konnten abgewiesen werden.

Bei der Armeeabteilung Kempf trat an diesem Tag das III. Panzerkorps mit zwei Panzerdivisionen gegen den Wald nordostwärts Mjassojedowo an. Die 19. Panzerdivision ging gegen Kisselowo vor, während die 168. Infanteriedivision die Flanke nach Norden sicherte. Den angreifenden Verbänden wurde zunächst heftiger Widerstand geleistet, nach dessen Überwindung zügig auf Kisselowo vorgegangen werden konnte. Es war schon dunkel, als der Panzergraben südlich Kasatschje dem weiteren Angriff Einhalt gebot. 15 Kilometer ist das III. Panzerkorps an diesem Tag vorangekommen. Am späten Abend begann die 6. Panzerdivision noch einen Handstreich auf Rshawez, das im Morgengrauen des 12. Juli erreicht wurde. Der Nachtmarsch einer gemischten Kampfgruppe der Division hatte für die Kämpfe am folgenden Tag wegen der dort befindlichen Brücke über den nördlichen Donez große Bedeutung. Für die russischen Verbände vor dem II. SS-Panzerkorps zeichnete sich eine ernsthafte Flankenbedrohung ab. Die Reserve der Woronesher Front, eigentlich für den Gegenangriff vorgesehen, wurden verzettelt, erlitten Verluste. Shukow, erster Stellvertreter des Obersten Befehlshabers der Roten Armee schätzte ein: »Am Abend des 11. Juli 1943 war bei der Woronesher Front eine gefährliche Krise eingetreten.«

Laut Tagesmeldung der 1. SS-Panzergrenadierdivision "Leibstandarte Adolf Hitler" konnten am 11. Juli 1943 21 russische Panzer abgeschossen werden. Die Zahl der Gefangenen und Überläufer ist mit 320 angegeben.

Heeresgruppe Mitte

Model plante für diesen Tag die Fortsetzung des Angriffs und befahl dazu die 20. und die 4. Panzerdivision. Deren Artillerie sollte durch das Panzerartillerieregiment 74 der 2. Panzerdivision unterstützt werden. Die Heeresgruppe stellte die Zuweisung weiterer Divisionen in Aussicht. Um den erkannten feindlichen Kräfteverschiebungen an den Flanken zu begegnen, wurde die 36. Panzergrenadierdivision vorgeführt. Der Tagesverlauf zeigte, daß die Initiative des Handelns an die russische Zentralfront übergegangen war. Die 10. Panzergrenadierdivision konnte mit Unterstützung von sieben Artillerieabteilungen, einem Nebelwerferregiment, einem schweren Granatwerferbataillon und einer Sturmgeschützabteilung bei Ponyri russische Angriffe abwehren. Auch an der Front des XXXXVI. Panzerkorps stand man im Abwehrkampf.

Das XXXXVII. und das XXXI. Panzerkorps hatten noch in der Nacht ihre unter so großen Opfern erkämpfte Stellung auf dem Höhengelände bei Olchowatka verloren. Den Tag über blieb es verhältnismäßig ruhig.

Am Abend unternahm die 78. Sturmdivison nach einem Angriff mit 100 Sturzkampf- und 50 Bombenflugzeugen auf Ponyri II einen erneuten Vorstoß. Trossna wurde eingeschlossen. Model entband das XXXXVII. Panzerkorps von seinem Angriffsauftrag; für einen Durchbruch reichten die Kräfte nicht mehr aus. Stillschweigend wurde der Verzicht auf das angestrebte operative Ziel Kursk eingestanden. Damit stand die nördliche Zange der Operation »Zitadelle« still.

Durch Rohrkrepierer ausgefallene Panzerhaubitze II "Wespe" (Sd.Kfz.124). Die Lebensdauer der 10,5-cm-Feldhaubitzrohre ist mit 8- bis 10000 Schuß angegeben.

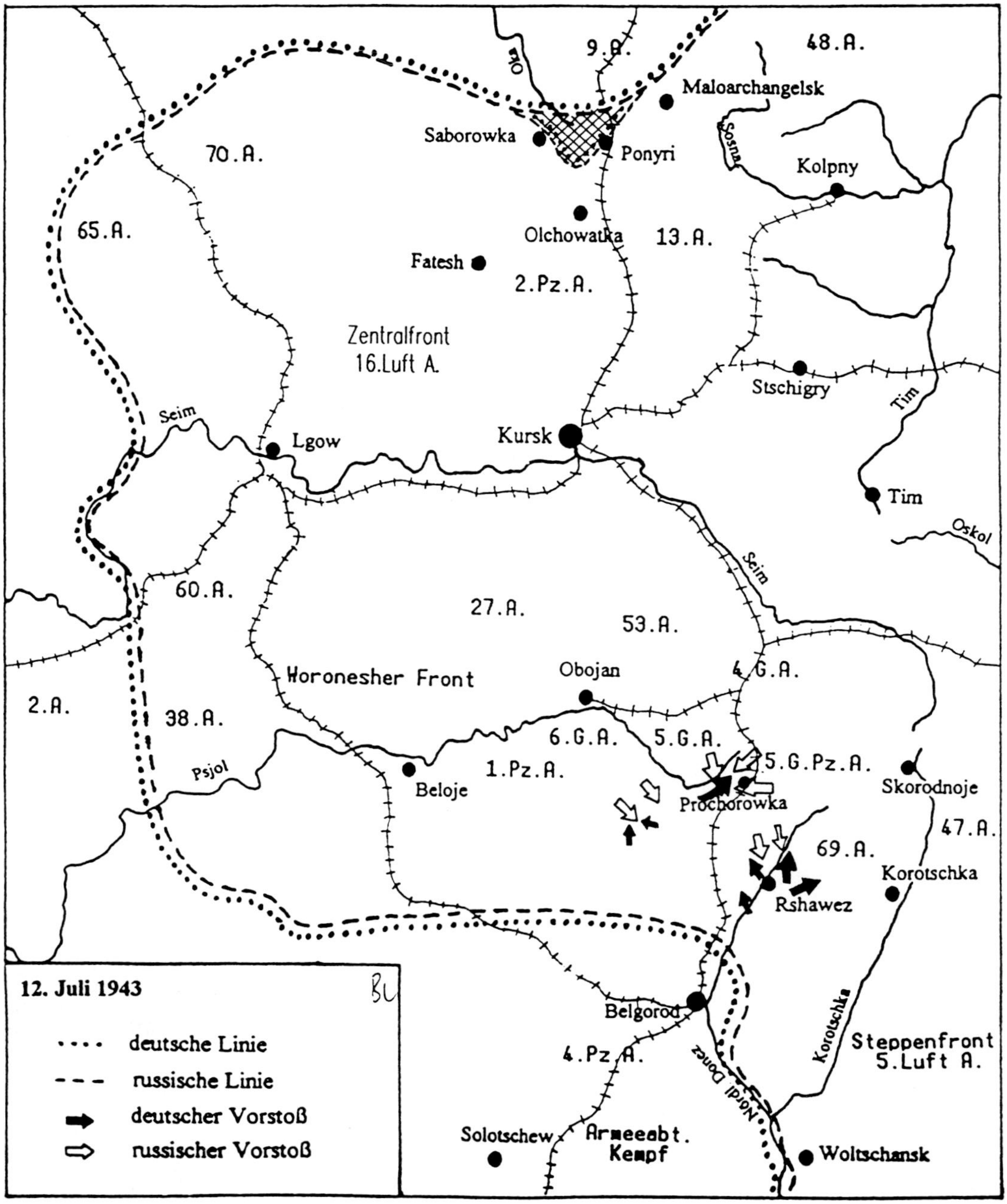

9.A.
48.A.
Maloarchangelsk
Saborowka
Ponyri
70.A.
Kolpny
65.A.
Olchowatka
13.A.
Fatesh
2.Pz.A.
Zentralfront
16.Luft A.
Stschigry
Seim
Lgow
Kursk
Tim
Oskol
60.A.
27.A.
53.A.
Woronesher Front
Obojan
4.G.A.
2.A.
38.A.
6.G.A.
5.G.A.
5.G.Pz.A.
Psjol
1.Pz.A.
Beloje
Prochorowka
Skorodnoje
47.A.
69.A.
Korotschka
Rshawez
12. Juli 1943
deutsche Linie
russische Linie
deutscher Vorstoß
russischer Vorstoß
Belgorod
4.Pz.A.
Nordl Donez
Korotschka
Steppenfront
5.Luft A.
Solotschew
Armeeabt.
Kempf
Woltschansk

12. Juli 1943

Heeresgruppe Süd

Der bewölkte, regnerische Sommertag sollte die Entscheidung bringen. In den vorangegangenen schweren Kämpfen waren die Voraussetzungen geschaffen worden, um nun den Durchbruch durch die russische Verteidigung zu erzwingen. Das 48. Schützenkorps der 69. Armee begann den bis dahin so hartnäckig verteidigten Frontsprung beiderseits des Donez zu räumen. Sein Verbleib hätte seinen Untergang bedeutet; es wäre zwischen den beiden deutschen Panzergruppen zermahlen worden. Es bestand nunmehr die Chance, zwischen dem II. SS-Panzerkorps und dem III. Panzerkorps eine geschlossene Angriffsfront zu bilden. Bei der 4. Panzerarmee beabsichtigte man, den Gegner südlich Obojan über den Psjol zurückzudrängen und den Angriffskeil nach Osten zu verbreitern.

In den frühen Morgenstunden waren vor der Front des II. SS-Panzerkorps russische Angriffe in Bataillonsstärke abgewehrt worden. In die Kämpfe hatten Panzer der »Leibstandarte« eingegriffen. Von der anderen Seite hörte man Bewegungen vieler Panzer, um 8.00 Uhr eröffnete die russische Artillerie an der ganzen Front ein heftiges Feuer. Eine halbe Stunde später wurde die Spitze des deutschen Angriffskeils, der sich gerade in Bewegung gesetzt hatte, von vorn und an beiden Flanken angegriffen. Die russische Gegenoffensive hatte begonnen. Das II. SS-Panzerkorps mit ca. 500 Panzerkampfwagen und Sturmgeschützen stieß bei Prochorowka auf die 5. Gardepanzerarmee, die erst in der Nacht um 1.30 Uhr eingetroffen war. Sie bestand aus dem 18. und 29. Panzerkorps sowie dem 5. Mechanisierten Korps; ihr unterstellt waren das 2. Panzer- und das 2. Gardepanzerkorps, insgesamt 850 Panzer und Selbstfahrlafetten.

Panzerbereitstellung des II. SS-Panzerkorps. Im Vordergrund erbeutete T-34, die von der Panzerwerkstatt in Charkow wieder instandgesetzt worden waren.

Die russischen Panzerbesatzungen hatten in dem deckungsarmen Gelände mit außerordentlicher Kühnheit angegriffen und mit Verbissenheit und Opferbereitschaft gekämpft. Vielleicht war das eine Ursache für ihre sehr hohen Verluste. So verlor allein das 29. Panzerkorps, das entlang der Bahnlinie südwestlich von Prochorowka angegriffen hatte, 150 seiner 212 Panzer, wovon 117 Totalverluste waren. Insgesamt beliefen sich die Totalverluste der 5. Gardepanzerarmee an diesem Tag auf über 300 Panzer und Selbstfahrlafetten, wozu weitere Ausfälle gezählt werden müssen.

Dagegen waren die deutschen Totalverluste erstaunlicherweise gering. Natürlich füllten sich die Werkstätten mit beschädigten Kampffahrzeugen, die vom Schlachtfeld geborgen werden konnten. Ihre Reparatur wurde mit Nachdruck betrieben.

Die wechselvollen Kämpfe hielten noch bis zum Abend an. So konnte nach dem Mittag die 3. SS-Panzergrenadierdivision »Totenkopf« und die 11. Panzerdivision erfolgreich über die Flanke in den Rücken der 5. Gardepanzerarmee vorstoßen. Sie erreichten um 20.00 Uhr Poleshajew am nördlichen Ufer des Psel. Aber auch die linke Flanke der 5. Gardepanzerarmee war bedroht. Während bei Prochorowka die Schlacht tobte, versuchte das III. Panzerkorps (Armeeabteilung Kempf), vom Süden her in den Rücken der russischen Panzer zu stoßen. Daraus entwickelte sich 15 Kilometer südlich Prochorowkas eine weitere Panzerschlacht.

Die Angriffe der anderen russischen Armeen gegen die Flanken der 4. Panzerarmee und die Armeeabteilung Kempf konnten wegen der dramatischen Ereignisse im Zentrum erst am Nachmittag begonnen werden. Sie erzielten auch nur geringe Erfolge. Die 7. Panzerdivision mußte zunächst das XI. Armeekorps z.b.V. Raus bei der Abwehr russischer Angriffe unterstützen, um dann selbst wieder auf Alexandrowka anzugreifen.

Auch beim LII. Armeekorps südlich der Pena griff der Feind an. Lediglich zwischen Werchopenje und Beresowka gelangen Einbrüche, die vom XXXXVIII. Panzerkorps (3. Panzerdivison und Panzergrenadierdivision »Großdeutschland«) aber abgeriegelt werden konnten.

Aus deutscher Sicht war der 12. Juli ein äußerst harter, aber erfolgreicher Tag. Das Schlachtfeld konnte gegen Angriffe zahlenmäßig überlegener russischer Panzerverbände, die zurückgeschlagen wurden, behauptet werden. Man hatte sogar noch Bodengewinne erzielen können. Der erhoffte Durchbruch war allerdings wieder nicht zustandegekommen. Prochorowka stellte den Kulminationspunkt der Schlacht im Süden des Kursker Bogen dar.

Der Kampf der Panzer hat begonnen. Zur Unterstützung der Kampfwagen ist eine Panzerwerferbatterie aufgefahren (Bildmitte). Das II. SS-Panzerkorps verfügte am 12. Juli 1943 über 273 einsatzfähige Panzerkampfwagen. Fünf Panzer sind an diesem Tag als Totalverluste registriert worden, schwer beschädigt wurden 43 Panzer und zwölf Sturmgeschütze.

Versuche des III. Panzerkorps (Armeeabteilung Kempf) vom Süden her zur Unterstützung des II. SS-Panzerkorps in den Kampf bei Prochorowka einzugreifen, führten zu einer weiteren Panzerschlacht. Das Korps verfügte an diesem Tag über 108 Panzerkampfwagen, davon waren 50 vom Typ III.

Ein Panzerkampfwagen III (5-cm-L/60 des SS-Panzerregiment 2 ist während der Kämpfe in einen Graben gestürzt: Die "Totenkopf"-Division hat zu Beginn der Operation "Zitadelle" über 114 Kampfwagen im Bestand gehabt. 52 davon waren Panzer III, die sämtlich mit der langen 5-cm-Kampfwagenkanone bestückt gewesen sind.

Wirkungslos sind die Treffer panzerbrechender Munition der russischen Panzer an der 110 mm dick gepanzerten Turmfront des "Tiger" abgeprallt. Die 76,2-mm-Kampfwagenkanone F-34 konnte auf 500 m 75 mm- und auf 1000 m 67 mm Panzerstahl durchschlagen.

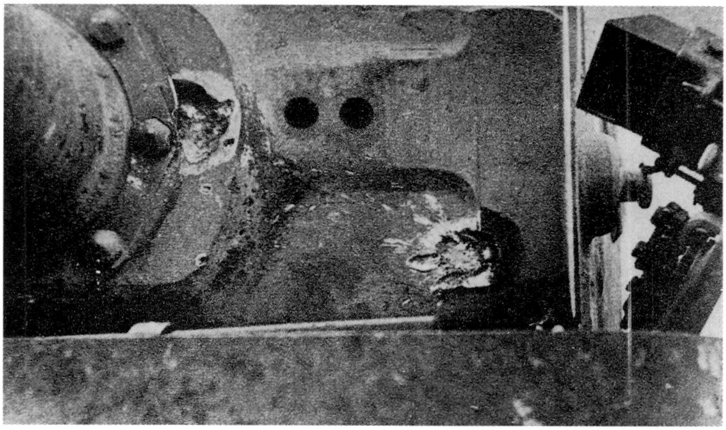

Abgeschossene russische Panzer auf dem Schlachtfeld. Es handelt sich um amerikanische Kampfwagen vom Typ M 3 A 3, die im Rahmen des Pacht- und Leihabkommens zur Verfügung gestellt worden sind. Seine Kampfkraft lag unter der des T-34.

Rechts: Die 5. Gardepanzerarmee verlor am 12. Juli 1943 auf dem Schlachtfeld bei Prochorowka zwölf "Churchill"-Panzer.

Zu den Verlusten der 5. Gardepanzerarmee zählten insgesamt 222 Panzer vom Typ T-34 und 89 vom Typ T-70. Der hier gezeigte T-34 ist Ende 1942/Anfang 1943 hergestellt worden und besaß eine 60 mm starke Frontpanzerung (um 30 Grad geneigt).

Heeresgruppe Mitte

Zum Schutz vor russischen Schlachtfliegerangriffen begleiteten Fla-Sfl. die motorisierten und gepanzerten Verbände des Heeres.

Hier war der Höhepunkt der Schlacht bereits überschritten. Mit kurzen, aber heftigen Angriffen warfen die 48., 13. und 70. Armee der Zentralfront die erschöpften deutschen Angreifer auf ihre Ausgangsstellungen zurück.
Am frühen Morgen war die Brjansker Front mit der 11. Gardearmee und der 61. Armee zum Angriff übergegangen. Ihr Ziel: Bolchow und die Eisenbahnlinie Brjansk - Orel. Damit war die mit Front nach Süden stehende 9. Armee im Rücken bedroht. Auf deutscher Seite begannen Kräfteverschiebungen, um der Gefahr zu begegnen. Die Operation »Zitadelle« mußte aufgegeben werden. Lediglich Fesselungsangriffe sollten den Abzug russischer Reserven zum Einsatz gegen die Heeresgruppe Süd verhindern.

Bei der 9. Armee greift am 12 und 13. Juli 1943 endgültig die Erkenntnis, daß die Schlacht im Norden des Kursker Bogen verloren ist. Kampfkräftige Verbände werden zur Abwehr russischer Angriffe nördlich Orel herausgezogen und verladen.

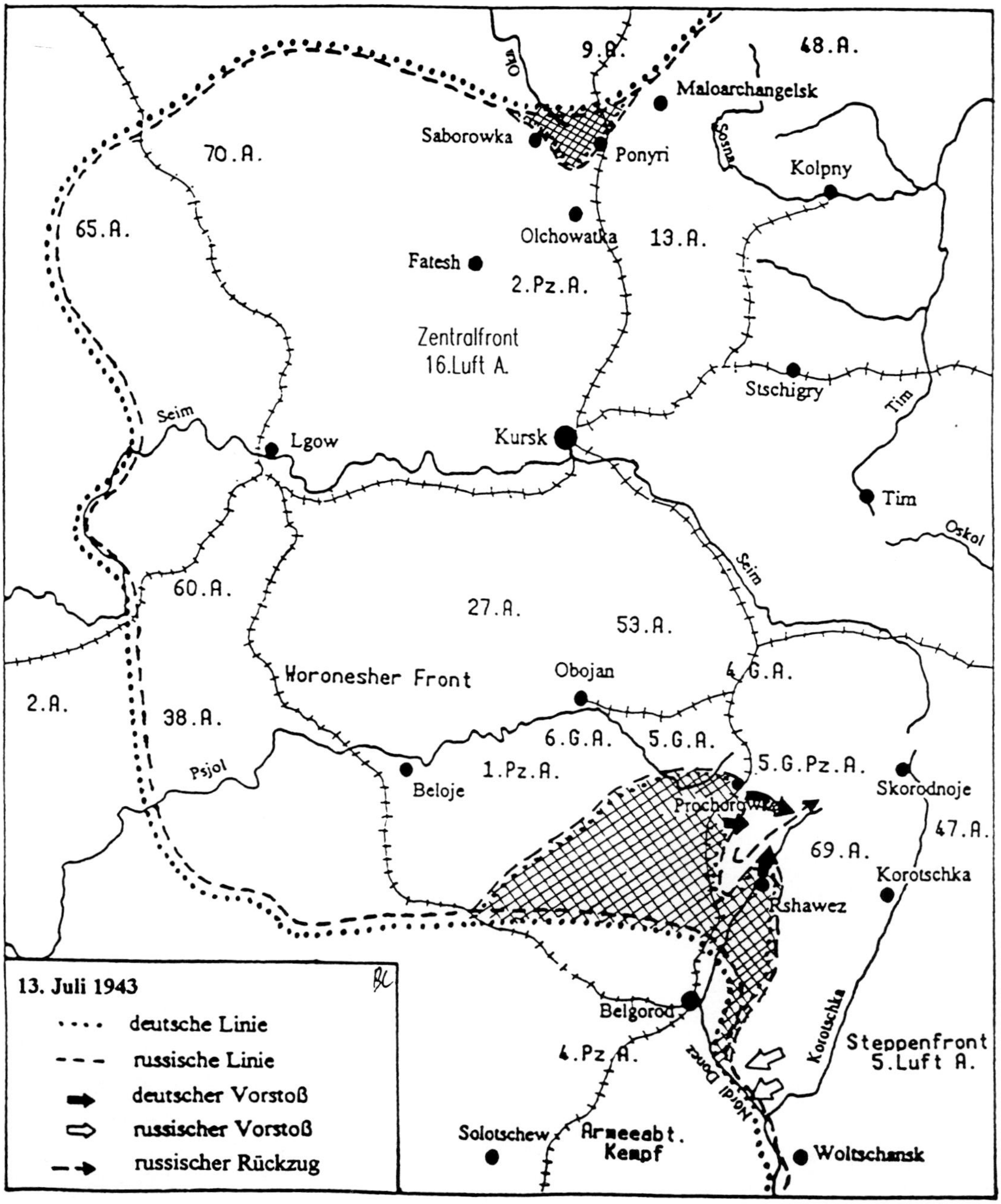

9.A.
48.A.
Oka
Maloarchangelsk
Saborowka
Ponyri
Sosna
Kolpny
70.A.
65.A.
Olchowatka
13.A.
Fatesh
2.Pz.A.
Zentralfront
16.Luft A.
Stschigry
Tim
Seim
Lgow
Kursk
Tim
Oskol
Seim
60.A.
27.A.
53.A.
Woronesher Front
Obojan
4.G.A.
2.A.
38.A.
6.G.A.
5.G.A.
Psjol
Beloje
1.Pz.A.
5.G.Pz.A.
Skorodnoje
Prochorowka
47.A.
69.A.
Korotschka
Rshawez
Belgorod
4.Pz.A.
Nord Donez
Korotschka
Steppenfront
5.Luft A.
Solotschew
Armeeabt.
Kempf
Woltschansk
13. Juli 1943
deutsche Linie
russische Linie
deutscher Vorstoß
russischer Vorstoß
russischer Rückzug

13. Juli 1943

Heeresgruppe Süd

Schlechtes Wetter behinderte die Umgruppierung des II. SS-Panzerkorps. Noch in der Nacht waren Panzer der »Totenkopf«-Division zur Straße Beregowje - Kartaschewka vorgestoßen, mußten sich im Tagesverlauf aber wieder zurückziehen. An der ganzen Front kam es zu Kämpfen unterschiedlicher Intensität, wobei sich allerdings die russischen Panzer zurückhielten. Es war vor allem die Infanterie, die Angriffe unternahm. Das Korps verlegte seinen Schwerpunkt auf den rechten Flügel, um Pravarot anzugreifen und dann auf Prochorowka einzudrehen. Auf diese Weise sollten, im Zusammenwirken mit der Armeeabteilung Kempf, die noch im Rückzug befindlichen russischen Kräfte aus dem Frontvorsprung beiderseits des Donez eingeschlossen und vernichtet werden.

Beim III. Panzerkorps hatten eigene Fliegerkräfte in den frühen Morgenstunden den Feind nordöstlich Rshawez bombardiert, wobei Fehlwürfe den Stab des Panzerregiments 11 trafen und Verluste sowie Verwirrung verursachten. Die 7. Panzerdivision erreichte ihre Bereitstellungsräume bis zum Abend nicht, so daß der Angriff nach Nordwesten auf den 14. Juli verschoben werden mußte. Lediglich die 19. Panzerdivision konnte bei örtlichen Angriffen leichte Erfolge erzielen. Die 167. Infanteriedivison säuberte das Westufer des Lipowij Donez.

Beim XXXXVIII. Panzerkorps ist am Vormittag kampfkräftige Aufklärung in Richtung Norden durchgeführt worden. Der befohlene Angriff zur Inbesitznahme der Straße Rakowo - Kruglik und zur Wiedereroberung von Beresowka wurde wegen verzögerter Bereitstellung auf den 14. Juli verschoben.

Das XI. Armeekorps z.b.V. Raus trafen erneut örtlich russische Angriffe. Sie wurden abgewehrt. Im Gegenangriff konnten sogar die eigenen Stellungen verbessert werden. Vieles sprach für den Abbruch von »Zitadelle«. Von Manstein war für die Fortsetzung der Offensive. Die 4. Panzerarmee verfügte an diesem Tag noch über 430 Panzerkampfwagen und Sturmgeschütze.

Am Ende der Schlacht ist auf deutscher Seite nicht nur die Technik überholungsbedürftig. Die zwei Wochen währende Materialschlacht hat die Soldaten aller Dienstgrade auf das Äußerste beansprucht.

Heeresgruppe Mitte

Das Oberkommando der Heeresgruppe Mitte erkannte in den russischen Angriffen am Nordrand des Orelbogen den Beginn der erwarteten russischen Großoffensive. Hauptaufgabe der 2. Panzerarmee und der 9. Armee war nunmehr die Abwehr der russischen Angriffe. Hitler befahl die Einstellung der Operation »Zitadelle«, um die vorhandenen gepanzerten Verbände für den Abwehrkampf freizubekommen.

Soldatenalltag bei einer Panzerartillerieabteilung. Im Hintergrund ein Munitionspanzer II für die Panzerhaubitze II "Wespe" (Sd.Kfz.124). Aufnahme Mitte Juli 1943.

Rückzug. Hitler befahl an diesem Tag die Einstellung der Offensive. Das russische Konzept ist aufgegangen; die ausgebluteten deutschen Verbände sind nur unzureichend auf die Abwehr der überlegenen russischen Kräfte eingestellt.

14. Juli 1943

Heeresgruppe Süd

In den frühen Morgenstunden griff das II. SS-Panzerkorps nach Osten an. Die Kämpfe ziehen sich bis zum Abend hin.

Das III. Panzerkorps soll die russischen Kräfte zwischen dem Lipowy und dem nördlichen Donez zerschlagen und zur 2. SS-Panzergrenadierdivision aufschließen.

Bei der 4. Panzerarmee wurden noch Möglichkeiten zur erfolgreichen Fortsetzung der Schlacht gesehen. 430 Panzer und Sturmgeschütze standen noch zur Verfügung. Zum Vergleich: am 5. Juli 1943 waren es 1377 gewesen (einschließlich Armeeabteilung Kempf).

Durch den Angriff des II. SS-Panzerkorps und den überraschenden Vorstoß des III. Panzerkorps auf Rshawez geriet die 69. Armee noch einmal in eine schwierige Lage. Kritisch gestaltet sich die Situation auch bei der 5. Gardepanzerarmee, die am 14. Juli 1943 weiter bemüht war, ihre Verbände zu ordnen.

Heeresgruppe Mitte

Abwehrkämpfe auf der ganzen Front.

Viel Zeit zum Zählen der Beute blieb nicht. Russische 14,5-mm-Panzerbüchsen PTRD auf einer Beutesammelstelle.

15. Juli 1943

Heeresgruppe Süd

Der von der 69. Armee besetzte Keil zwischen der 4. Panzerarmee und der Armeeabteilung Kempf wurde endgültig beseitigt. Das III. SS-Panzerkorps und das III. Panzerkorps standen jetzt auf einem Angriffsstreifen von 58 Kilometer Breite in einer Front.

In Tag- und Nachtangriffen erreichte das II. SS-Panzerkorps das Höhengelände bei Iwanowka. Weitere Bewegungen erschwerte der durch starken Regen aufgeweichte Boden. Andererseits ließ der sich versteifende russische Widerstand kaum noch Angriffsbewegungen zu. Die Einsatzstärken in den Panzer- und Panzergrenadierdivisionen hatten einen beängstigend niedrigen Stand erreicht. Beim II. SS-Panzerkorps waren noch 57 Panzerkampfwagen und 28 Sturmgeschütze einsatzbereit. Von der 6. Panzerdivision (III. Panzerkorps) wurden noch sechs einsatzbereite Kampffahrzeuge gemeldet.

Ein Stehenbleiben in der erreichten Stellung war nicht möglich. Entweder wurde der Angriff fortgesetzt oder die beiden Angriffsarmeen der Heeresgruppe setzten sich auf eine günstigere Verteidigungsstellung ab.

Heeresgruppe Mitte

Die russische Offensive im Orel-Bogen machte gute Fortschritte. Vom Norden kommend erreichte die 4. russische Panzerarmee einen Raum nördlich Chotynez. Auch bei der 2. Panzerarmee gelangen tiefe Einbrüche, in deren Folge die Stadt Orel und damit der rückwärtige Raum der 9. Armee direkt bedroht wurde.

16. Juli 1943

Heeresgruppe Süd

Die deutschen Kräfte wurden für die Operation »Roland« umgruppiert, deren Ziel die Zerschlagung der russischen Kräfte südlich Obojans und die Einnahme der Stadt selbst war. Einen Tag später befahl das Oberkommando des Heeres die Herauslösung des II. SS-Panzerkorps aus der 4. Panzerarmee. Es sollte westlich Bjelgorod versammelt und mit der Bahn abtransportiert werden. Damit war die Operation »Zitadelle« auch im Süden gescheitert.

Das russische 48. Schützenkorps hat den Frontvorsprung zwischen dem Nördlichen und den Lipowj Donez geräumt. Soldaten der 6. Panzerdivision am Ortsrand von Schachowo.

Unten: Bergung beschädigter Kampftechnik auf dem Schlachtfeld. Abtransport eines Sturmgeschützes III mit einem schweren Zugkraftwagen 18 t Famo F 3 (Sd.Kfz.9).

Am 16. Juli 1943 lief die Umgruppierung für die Operation "Roland" an. Bereits am Nachmittag trafen neue Befehle aus dem Führerhauptquartier ein. Sie hatten die Verlegung eines Teils der gepanzerten Verbände zum Ziel. Im Bild Bahnverladung eines Panzerkampfwagen III der Ausführung L.

Epilog

Bis heute beflügeln Schilderungen über die Schlacht im Kursker Bogen die Phantasien, gilt sie doch als **die** Panzerschlacht schlechthin, in der ganze Armeen gepanzerter Kampfwagen, den Robotern aus Zukunftsvisionen gleich, aufeinanderprallten. Der Krieg der Maschinen! Nun ist es in der Tat so gewesen, daß in dieser Schlacht beide Kontrahenten mit den modernsten Kriegsmaschinen aus ihrer Rüstung in einer bis dahin noch nicht gekannten Konzentration um den Sieg gerungen haben.
Bei oberflächlicher Betrachtung könnte durchaus das Bild entstehen, die Schlacht im Kursker Bogen sei eine einzige gewaltige Panzerschlacht gewesen, ein Eindruck, der durch einseitige, oft falsche Gefechtsdarstellung vor allem auf russischer Seite, insbesondere durch die Memoirenliteratur namhafter Heerführer der Roten Armee und schließlich mit Hilfe zahlreicher Dokumentar- und Spielfilme nicht unwesentlich gefördert worden ist. Die Kriegstagebücher, Gefechtsbefehle und -berichte der auf deutscher Seite beteiligten Verbände und in jüngster Zeit veröffentlichte Quellen aus russischen Archiven gestatten es, ein wesentlich realistischeres Bild der »Panzerschlacht« zu zeichnen. Sie löste sich bei genauer Betrachtung in eine Vielzahl von Einzelgefechten, -schlachten und -operationen auf. Panzerkampfwagen spielten darin, ebenso wie Sturmgeschütze sicherlich eine wichtige, häufig auch die entscheidende Rolle. Auch dem Zusammenspiel der Waffengattungen, insbesondere der schweren Waffen des Heeres, kam große Bedeutung zu. Die Panzerschlacht bei Prochorowka am 12. Juli 1943, in deren Verlauf 850 russische und 500 deutsche Kampfwagen auf kleinem Raum miteinander kämpften, stellte sicherlich den Höhepunkt der Schlacht im Kursker Bogen dar. Entscheidend blieb dabei aber immer der Mensch.
Die Darstellung über die Konzeption, die Durchführung und Ergebnisse der Schlacht gehen auf deutscher und russischer Seite weit auseinander. Das zeigen schon die unterschiedlichen Angaben über die Dauer der Schlacht: Nach russischer Auffassung dauerte die Schlacht 50 Tage, vom 5. Juli bis 23. August 1943. Auf deutscher Seite wird die Meinung vertreten, von einer nur neun Tage dauernden Schlacht zu sprechen, und zwar für die Zeit vom 4. bzw. 5. Juli bis zum 13. Juli 1943. Am 13. Juli standen die deutschen Angriffsverbände im Norden 10 Kilometer, im Süden bis zu 40 Kilometer tief in der russischen Verteidigung. Es war der Tag, an dem sich Hitler durch den Beginn der russischen Offensive im Orelbogen veranlaßt sah, Befehl zum Abbruch der Operation »Zitadelle« zu geben. Der Oberbefehlshaber der Heeresgruppe Süd, Feldmarschall Erich von Manstein argumentiert dann auch ganz im Sinne des Titels seiner Erinnerungen »Verlorene Siege«, wenn er abschließend bemerkt: »So ist das Fehlschlagen von »Zitadelle« darauf zurückzuführen, daß die deutsche Führung sowohl kräftemäßig wie zeitlich einem Risiko auszuweichen versucht hat, das sie hätte auf sich nehmen müssen, wenn sie den Erfolg dieser letzten großen deutschen Angriffsoperation im Osten sicherstellen wollte. An der Leistung von Truppe oder Truppenführung hat der Mißerfolg jedenfalls nicht gelegen. Beide haben sich erneut aufs höchste bewährt.«
Von Mellenthin, der als junger Offizier bei der Panzergrenadierdivison »Großdeutschland« an der Schlacht teilgenommen hatte, kommentiert den Vorschlag des Feldmarschall von Manstein, die Operation »Zitadelle« über den 13. Juli 1943 hinaus, sozusagen als Abnutzungsschlacht zum Zerschlagen der russischen Panzerreserven, fortzusetzen, wie folgt: »Jetzt waren wir etwa in der gleichen Lage wie ein Mann, der einen Wolf bei den Ohren gepackt hatte und nun nicht wagte, ihn loszulassen«. Die Schlacht war verloren. Das Konzept der russischen Führung, zunächst die deutschen Kräfte aus der Position einer sicheren Abwehr heraus abzunutzen, ist aufgegangen. Damit hatten sich günstige Voraussetzungen für eigene Angriffsoperationen zur Beseitigung der deutschen Frontvorsprünge beiderseits des Kursker Bogens ergeben. Bis zum 23. August 1943 erreichte die Rote Armee im Süden die Linie Tschugujew - Achtyrka - Gadjatsch Sumy und im Norden Stellungen westlich Dimitrowsk - Orlowski - Karatschew und Shidra. Die strategische Initiative im Osten ging von nun an auf die Rote Armee über.

Ein Ergebnis der erfolglosen Schlacht bei Kursk - der Rückzug über den Dnjepr. Panzerhaubitzen werden mit Fähren über den Strom auf das Westufer gebracht.

Wenden wir uns noch einmal den beiderseitigen Verlusten in dieser Schlacht zu: Wer fragt schon den Sieger nach dem Preis des Sieges? Gerade darum rankte die Geschichtsschreibung in der Sowjetunion nach dem Krieg Legenden und Mythen. Aus gutem Grund! Ganz offensichtlich ist das Konzept des Oberkommandos der Roten Armee, den deutschen Angriff aus einer günstigen militärischen Position auf der Grundlage zahlenmäßig überlegener Kräfte und mit geringsten eigenen Verlusten abzuwehren, in einem Punkt nicht aufgegangen. Die Verluste, unter denen dieser Abwehrerfolg zustandegekommen war, sind enorm gewesen. Sie übertrafen die der Angreifer erheblich.

Recht aufschlußreich dafür sind die von beiden Seiten abgegebenen Verlustmeldungen. Am 7. August 1943 bezifferte das sowjetische Informationsbüro die deutschen Panzerverluste für den Zeitraum vom 7. Juli bis zum 6. August 1943 mit 4605 vernichteten und 521 erbeuteten Panzerkampfwagen. Das wären 5126 Totalverluste gewesen. Allein die gemeldete Zahl der abgeschossenen »Tiger«-Panzer übertraf die der tatsächlich im Kursker Bogen verwendeten Zahl von 146 Fahrzeugen des Typs bei weitem. Nach offiziellen Angaben sind im Juli 1943 einschließlich der Einbußen vor Leningrad und auf Sizilien, 33 Panzerkampfwagen »Tiger« I als Totalverluste registriert worden. Die russischen Angaben über die deutschen Panzerverluste müssen in das Reich der Legendenbildung verwiesen werden. Sie beschreiben einen in diesem Maße nicht stattgefundenen Aderlaß der deutschen Panzertruppe. Zu Beginn der Operation »Zitadelle« ist der Gesamtbestand der Wehrmacht gerade einmal mit 5850 Panzerkampfwagen beziffert worden.

Tatsächlich hat die erfolgreiche Julischlacht Verluste in Höhe von etwa 1500 Panzerkampfwagen verursacht. Davon ist die Masse nicht in der Schlacht selbst, sondern im folgenden Rückzug nach Westen entstanden. Viele der im Kampf beschädigten Panzerkampfwagen und Sturmgeschütze konnten nicht rechtzeitig zurückgebracht werden. Verluste, die für die in der Reorganisation befindlichen Panzerverbände schwer wogen, die überdies über 50% des Bestandes an erfahrenen Spezialisten und Panzerführern verloren hatten.

Betrachten wir nun die Panzerverluste der Roten Armee. Nach Zahlenangaben aus russischen Akten verlor allein die Woronesher Front in der Zeit vom 5. bis zum 13. Juli 1943 1223 Panzer als Totalverluste. Die 5. Gardepanzerarmee, zur strategischen Reserve des Oberkommandos der Roten Armee gehörend und am 12. Juli 1943 in die Schlacht eingeführt, um den Durchbruch des II. SS-Panzerkorps bei Prochorowka zu verhindern, verlor laut einer Meldung des Chefs des Stabes, Garde-Generalmajor Basakow vom 17. Juli, 344 Panzer und Selbstfahrlafetten als Totalverluste. Sie waren zum größten Teil am 12. Juli 1943 beim Zusammentreffen mit dem II. SS-Panzerkorps entstanden. Dieser Truppenverband soll dabei übrigens, nach russischen Angaben, 400 Panzer und Sturmgeschütze verloren haben. Das ist maßlos übertrieben. 273 ein-

Auf deutscher Seite wogen die Verluste infolge der gescheiterten Operation "Zitadelle" ungleich schwerer. Die ausgeglühten Panzerwracks, die bei Prochorowka, Ponyri und Olchowatka liegengeblieben waren, ließen sich ersetzen. Nicht ersetzt werden konnten die Verluste an kriegserfahrenen Panzerbesatzungen.

satzfähige Panzer haben dem Korps an diesem Tag zur Verfügung gestanden, wovon 43 und zwölf Sturmgeschütze im Tagesverlauf ausgefallen sind.
Auch in den Memoiren der bedeutenden Heerführer der Roten Armee wie Shukow, Konew, Rokossowski, Katukow u.a. werden sehr ungenaue Angaben über die Verluste in der Kursker Schlacht gemacht. Denen stehen, wie bereits beispielhaft dargestellt, stark übertriebene Verlustzahlen auf deutscher Seite gegenüber. Das, obwohl diesem Autorenkreis neben der eigenen Erinnerung an das Kampfgeschehen, das von ihnen an maßgeblicher Stelle mitgestaltet worden ist, der Zugang zu Archiven möglich war. Die Motive für diese, auch in der DDR-Militärgeschichtsschreibung mitgetragenen Argumentation sind durchschaubar. Es galt, die Überlegenheit der sowjetischen Militärmacht darzustellen; sie sollte nicht nur das Resultat einer überlegenen Quantität sein. Nein! Ihre Wurzeln wollte man auch in einer höheren Qualität der Führung und Ausbildung der Soldaten sowie der Bewaffnung und Ausrüstung zurückführen. Die Schlacht im Kursker Bogen ist dafür allerdings ein schlechtes Beispiel.
Im Wehrmachtsbericht vom 12. Juli 1943 sind erste zusammenfassende Angaben über die russischen Verluste in der Schlacht zwischen Bjelgorod und Orel zu finden: 28.000 Gefangene, 1640 Panzer und 1400 Geschütze. Nach der bereits zitierten Untersuchung der Abteilung Fremde Heere Ost (IId) über die russische Panzerproduktion, sind die Verluste der Roten Armee im Juli 1943 mit insgesamt 4150 Panzern und Selbstfahrlafetten ermittelt worden. Aus der Neuproduktion kamen in diesem Monat 2160 Fahrzeuge, wozu noch Lieferungen aus den USA und England gerechnet werden müssen. Die Rüstungsindustrie benötigte demnach nur zwei Monatsproduktionen, um die schweren Verluste des Juli 1943 auszugleichen. Das ist neben der Tatsache, daß die Initiative der Kriegführung an der Ostfront nun endgültig an die Rote Armee übergegangen war, ein wichtiges Ergebnis der Materialschlacht im Kursker Bogen. Deutschland hatte den Krieg, trotz erheblicher Steigerungsraten der Rüstungsproduktion auch in den Werkhallen des Heimatkriegsgebietes verloren.

Die personellen und materiellen Verluste der Roten Armee im Verlauf der Schlacht im Kursker Bogen lagen über denen der deutschen Seite. Einzelne Panzerkorps verloren bis zu 60 % ihres Fahrzeug- und Personalbestandes. Das waren Verluste, die in relativ kurzer Zeit ausgeglichen werden konnten.